C.H.BECK ■ WISSEN
in der Beck'schen Reihe

«Mein Roman bin ich, meine Geschichten sind ich», hat Franz Kafka 1913 an Felice Bauer geschrieben. Diesen Satz nimmt Thomas Anz ernst, und er zeigt zugleich, wie der jüdische Schriftsteller seine Vater-, Berufs-, Frauen- und Künstlerkonflikte so stark und suggestiv ins Exemplarische stilisiert hat, dass sie zu beklemmenden Mustern moderner Identitätsprobleme werden konnten. Wohl beläßt Anz diesem Einzelgänger, der die eigene Isolation zur Bedingung künstlerischer Existenz erklärt hat, seine Eigenart, aber er sieht ihn nicht isoliert von seiner – der «expressionistischen» Generation, nicht einer Zeit entrückt, deren Kämpfe und Konflikte Franz Kafkas Werk geprägt haben.

Thomas Anz ist Professor für Neuere deutsche Literatur an der Universität Marburg.

Thomas Anz

FRANZ KAFKA

Leben und Werk

Verlag C. H. Beck

Originalausgabe
© Verlag C. H. Beck oHG, München 2009
Gesamtherstellung: Druckerei C. H. Beck, Nördlingen
Umschlagabbildung: Franz Kafka, Ausschnitt aus dem
Verlobungsporträt, 1917. Foto: akg-images
Umschlagentwurf: Uwe Göbel, München
Printed in Germany
ISBN 978 3 406 56273 0

www.beck.de

Inhalt

I. Wer war Franz Kafka?
1. Kafka und seine Interpreten 7
2. Probleme des Verstehens 9
3. Kafka-Wirkungen 13
4. Kafka und die Moderne 16
5. Literarische Autobiographik 19
6. Ein Selbstportrait: *Brief an den Vater* 23
7. Kämpfe um Macht: Söhne und Väter 30

II. Kindheit und Jugend im literarischen Rückblick
1. Fakten 42
2. Kindheit und Jugend in der Autobiographik des Erwachsenen 44
3. Erziehungsprozesse: *Der Verschollene*, *Ein Bericht für eine Akademie* 53

III. Literarische Anfänge, Studium und Beruf
1. Schreibanfänge 64
2. Studium und Freundschaften 67
3. Berufskonflikte 69
4. *Die Verwandlung* 73

IV. Literarischer Durchbruch und Kampf um Felice Bauer
1. Chronik der lebensentscheidenden Jahre 81
2. Konstanz der Konflikte – Aspekte zur «Einheit» des Gesamtwerkes 84
3. *Das Urteil* 89
4. Ferne Frauen – Briefverkehr mit Felice Bauer 96
5. Machtapparate der Moderne: *Der Prozess*, *In der Strafkolonie* 106

V. Krankheit zum Tode
1. Die Krankheit und ihre Folgen 120
2. Milena Jesenká, *Das Schloss* und *Ein Hungerkünstler* 124
3. Todesarten 129

Anmerkungen 133
Literaturhinweise 136
Personenregister 141

*Unter allen Dichtern ist Kafka
der größte Experte der Macht.
Er hat sie in jedem ihrer Aspekte
erlebt und gestaltet.*
(Elias Canetti)

I. Wer war Franz Kafka?

1. Kafka und seine Interpreten

Wer war Franz Kafka? Geboren am 3. Juli 1883 in Prag, hat er knapp 41 Jahre lang gelebt. Seit dem 3. Juni 1924 ist er tot und daher endgültig abwesend. Gegenwärtig bleibt er uns nur noch in Form von Fotos und vor allem von Texten, Texten von ihm und über ihn, wobei die Masse dessen, was über ihn geschrieben wurde, die relativ kleine Menge dessen, was er selbst geschrieben hat, jedenfalls in quantitativer Hinsicht um ein Vielfaches überragt. Kafka, so befand schon vor geraumer Zeit die amerikanische Kritikerin Susan Sontag in ihrem bekannten Essay *Against Interpretation*, sei mittlerweile «zum Opfer einer Massenvergewaltigung» geworden, einer Vergewaltigung nämlich durch eine Armee von Interpreten.[1] Was seinerzeit, Mitte der sechziger Jahre, der Kafka-Forscher Heinz Politzer über die Interpreten Kafkas sagte, trifft noch heute weitgehend zu: «Kafkas Gleichnisse sind so vielschichtig wie die Parabeln der Bibel. Ungleich den biblischen Parabeln jedoch sind Kafkas Gleichnisse auch noch vieldeutig. Im Grunde werden sie ebenso viele Deutungen wie Leser finden. Die Offenheit ihrer Form erlaubt dem Leser eine totale Projektion seines eigenen Dilemmas auf die Seiten Franz Kafkas. Diese Parabeln sind ‹Rorschach-Tests› der Literatur und ihre Deutung sagt mehr über den Charakter ihrer Deuter als über das Wesen ihres Schöpfers.»[2] Kafkas Schriften bleiben unveränderlich, die Meinungen über sie wechseln, und zwar nicht zuletzt mit dem Wechsel der intellektuellen

Moden, denen die Nachgeborenen huldigen. «Er wird eingeordnet in eine etablierte Denkrichtung, anstatt daß man bei dem beharrte, was die Einordnung erschwert», kritisierte Adorno in seinen *Aufzeichnungen zu Kafka*.³ Jede Zeit, jede Generation, jede Gruppierung im intellektuellen Kräftefeld hatte und hat ihren eigenen Kafka: einen, der wie Kierkegaard philosophiert, wie Heidegger denkt, wie der junge Marx die Entfremdung beschreibt, wie Freud den ödipalen Konflikt psychoanalysiert, wie Foucault die Mechanismen der Macht durchschaut oder wie Derrida die metaphysischen Sinngebungen zerstört. In den Jahren um und nach 2000 haben die medien- und kulturwissenschaftlich geprägten Interessen der Literaturwissenschaft auch in der Kafka-Forschung ihre Spuren hinterlassen.

Oft stehen die Autoritäten, auf die sich die Interpreten berufen, mit Kafka in einem geschichtlichen Zusammenhang, so dass die Berufungen auf sie historisch durchaus gerechtfertigt werden können. Kafka hat sich, wie so viele seiner Generation, mit Kierkegaard intensiv auseinandergesetzt; er hat in einer Epoche geschrieben, in die auch die Entstehung der Existenzphilosophie Heideggers fällt; er ist zusammen mit seinen expressionistischen Zeitgenossen von der Psychoanalyse angeregt worden; er war wie fast alle Autoren dieser Jahre mit den Schriften Nietzsches vertraut, die wiederum zu den Quellen sowohl von Michel Foucaults Machttheorie als auch von Jacques Derridas Dekonstruktionen abendländischer Metaphysik gehören.

Die Kafka-Forschung mag einem zuweilen lästig sein, weil sie den gleichsam naiven Zugang zum Werk versperrt; dennoch hat sie vielfach Nützliches, zum Teil Hervorragendes geleistet. Sie ist in ihren Bemühungen um diesen Autor in den letzten Jahrzehnten nicht bloß auf der Stelle getreten, sondern hat Zusammenhänge (oder auch Brüche) innerhalb von Kafkas Werk sowie zwischen diesem und diversen Kontexten aufgezeigt, von deren Kenntnis die Lektüre zweifellos profitieren kann.

2. Probleme des Verstehens

Dennoch sind über der Anerkennung des von der Forschung Geleisteten nicht die außerordentlichen Schwierigkeiten zu übersehen, die Kafkas Werk seinen Interpreten immer noch bereitet. Die Kafka-Forschung erreichte ein höheres Niveau, als sie begann, die eigenen Schwierigkeiten zu reflektieren und dabei die Bedingungen für das so häufig erfahrene Scheitern hermeneutischer Anstrengungen in charakteristischen Merkmalen von Kafkas Werken zu suchen. In der Reflexion der eigenen Schwierigkeiten bei der Lektüre Kafkas illustriert man diese gern mit Ausschnitten aus seinen Texten. Auslegungs-, Verstehens- und Verständigungsprobleme werden in ihnen permanent thematisiert und in Szene gesetzt. Schon das *Gespräch mit dem Beter* in der 1903/4 entstandenen *Beschreibung eines Kampfes* wiederholt in immer neuen Variationen Wendungen wie «Ich bin froh, daß ich das, was Ihr sagtet, nicht verstanden habe» (N1 90); oder: «alles was sie sagen, ist langweilig und unverständlich» (N1 96); oder: «Ich verstehe das nicht». (N1 97) In der Erzählung *Die Verwandlung* bringt der zum Ungeziefer gewordene Gregor Samsa nur noch ein der Familie unverständliches Piepsen hervor. In Kafkas Amerika-Roman *Der Verschollene* muss sich Karl Roßmann in einer Sprache verständigen, die er noch kaum beherrscht. In dem Roman *Der Prozess* besteht die letzte berufliche Verpflichtung Joseph K.s darin, einem für die Bank wichtigen Geschäftsfreund Kunstdenkmäler der Stadt zu zeigen. Der Mann ist Italiener, und obwohl K. über Italienischkenntnisse verfügt, bemerkt er «mit großem Unbehagen, daß er den Italiener nur bruchstückweise verstand.» (Pr 274) Die Prozesse gestörter Verständigung zwischen den fiktiven Figuren, die Kafkas Texte immer wieder inszenieren, entsprechen den Verständnisschwierigkeiten, die man beim Lesen mit diesem Autor hat.

Noch deutlicher freilich finden Leser ihre Verstehensprobleme in Szenen illustriert, in denen ein schriftlicher Text ausgelegt wird. Es handelt sich zumeist um Texte einer abwesenden Autorität. Ein eher unscheinbares, aber typisches Beispiel dafür steht im Amerika-Roman. Der Protagonist erhält von seinem mächtigen Onkel einen Brief. Auf dem Umschlag steht: «An Karl Roßmann. Um Mitternacht persönlich abzugeben, wo immer er angetroffen wird». (V 121 f.) Etwas später streiten sich Adressat und Überbringer des Briefes lange darüber, wie diese Aufschrift angemessen zu verstehen sei. Das bekannteste Beispiel für derartige Auslegungsdebatten enthält der *Prozess*-Roman. Die Debatte schließt hier an die Legende *Vor dem Gesetz* an. «Vor dem Gesetz steht ein Türhüter. Zu diesem Türhüter kommt ein Mann vom Lande und bittet um Eintritt in das Gesetz. Aber der Türhüter sagt, daß er ihm jetzt den Eintritt nicht gewähren könne. Der Mann überlegt und fragt dann, ob er also später werde eintreten dürfen. ‹Es ist möglich›, sagt der Türhüter, ‹jetzt aber nicht.›» (Pr 292) Jahrelang wartet der Mann vom Lande vor der Tür auf die Erlaubnis zum Eintritt. Er bekommt sie nicht, erfährt jedoch im Sterben, dass dieser Eingang, der jetzt geschlossen wird, allein für ihn bestimmt war.

Im Roman wird die Legende von einem Geistlichen aus den «einleitenden Schriften zum Gesetz» zitiert. Sie ist jedoch Kafkas eigener Text. Er hat ihn separat veröffentlicht und sich mit ihm gleichsam selbst zitiert. Denn die Legende enthält in gedrängter Form eine Vielfalt der Themen, Motive und Stilmerkmale, die typisch für sein ganzes Werk sind. Sie spricht vom Gesetz, von Verboten und Verhören, von der Macht und ihren hierarchisch geordneten Instanzen, ihrem Glanz und ihrer lächerlichen Schäbigkeit, von den Größenunterschieden zwischen Herren und Abhängigen, von den labyrinthischen Raumordnungen und paradoxen Argumentationen, mit denen Herrschaftssysteme den Zugang zu sich verhindern. Und wenn der schon alt und kindisch gewordene Mann die Flöhe im Pelz des Türhüters bittet, ihm zu helfen, dann bekommt der Text etwas von jener grotesken Komik der Übertreibung, die vom verbissenen oder andächtigen Ernst vieler Kafka-Philologen gern übersehen wird.

Im Roman schließt sich an den Text eine lange Auslegungsdebatte zwischen dem Geistlichen und Josef K. an, die sich heute wie eine parodistische Imitation gelehrter und spitzfindiger Deutungskontroversen zwischen Literaturwissenschaftlern ausnimmt. Da werden Personen charakterisiert, scheinbare Widersprüche aufgelöst, die unterschiedlichen Meinungen anderer Interpreten wiedergegeben und deren Begründungen. Da insistiert man auf dem «Wortlaut der Schrift» oder fordert «Achtung» vor ihr, aber ein endgültiges Urteil findet man nicht. So wie in der Legende *Vor dem Gesetz* dem Mann vom Lande der Zutritt zum Gesetz verwehrt ist, so bleibt den Auslegern der Legende der Zugang zum verbindlichen Sinn eines Textes versperrt, der selbst wiederum nur zur Einleitung eines größeren Textes gehört.

Damit hat Kafka ein Phantasma ausgemalt, das sein Werk in immer neuen Variationen wiederholt. In der späten Erzählung *Der Bau*, die wie das meiste, was er geschrieben hat, Fragment blieb, entspricht der bewachten Tür vor dem Gesetz der getarnte Eingang in den unterirdischen Bau oder auch das offen sichtbare Loch, das nur einen Eingang vortäuscht und in Wirklichkeit in eine Sackgasse führt. Zusätzlich hat sich das im Bau hausende Tier mit der labyrinthischen Konstruktion von Gängen vor feindlichen Eindringlingen zu sichern versucht. Auch in der Legende *Vor dem Gesetz* ist die von außen sichtbare Tür nur das erste Hindernis für den, der Eintritt in das Gesetz sucht. Hinter der Eingangstür sind Säle mit neuen Türen und Türhütern. *Der Bau* enthält deutliche Hinweise, dass das hier beschriebene Verhältnis eines Tieres zu seinem Bau auch als Bild für die Beziehung des Autors zu seinem Werk gelesen werden kann. Und insofern ist es berechtigt, wenn Gilles Deleuze und Felix Guattari in ihrer vielbeachteten Kafka-Studie von 1975 auf diese Erzählung zurückgreifen, um die Möglichkeiten des Zugangs zu Kafkas Werk zu reflektieren: «Wie findet man Zugang zu Kafkas Werk? Es ist ein Rhizom, ein Bau. Das Schloß hat ‹vielerlei Eingänge›, deren Benutzungs- und Distributionsgesetze man nicht genau kennt. Das Hotel in ‹Amerika› hat zahllose Pforten, Haupt- und Nebentüren, bewacht von ebenso vielen Pförtnern, ja sogar türlose Ein- und Ausgänge. Der Bau in der gleichnamigen Erzählung scheint zwar nur einen Eingang zu haben; allenfalls denkt das Tier an die Möglichkeit eines zweiten, bloß zur Überwachung. Aber das ist eine Falle, aufgestellt vom Tier und von Kafka selbst; die ganze Beschreibung des Baus dient nur zur Täuschung des Feindes. Also steigen wir einfach irgendwo ein, kein Einstieg ist besser als ein anderer, keiner hat Vorrang, jeder ist uns recht, auch wenn er eine Sackgasse, ein enger Schlauch, ein Flaschenhals ist. Wir müssen nur darauf achten, wohin er uns führt, über welche Verzweigungen und durch welche Gänge wir von einem Punkt zum nächsten gelangen, wie die Karte des Rhizoms aussieht und wie sie sich ändert, sobald man anderswo einsteigt. Das Prinzip der vielen Eingänge behindert ja nur das Eindringen des Feindes, des Signifikanten; es verwirrt allenfalls jene, die ein Werk zu ‹deuten› versuchen, das in Wahrheit nur experimentell erprobt sein will.»[4]

Diese zunächst recht plausibel wirkende Passage ist aufschlussreich für literaturwissenschaftliche Positionen, die, etwa im Anschluss an Jacques Derrida, vom «disseminalen», d. h. bedeutungsmäßig unbezwingbaren, nicht festzulegenden Text sprechen. Der alte Hermeneut und Textinterpret erscheint in dieser Perspektive mit seinem Verlangen nach Sinnzusammenhang, in dem sich alle Teile zu einem geordneten Ganzen fügen, als ein Vergewaltiger des vieldeutigen Werkes, als Feind des Textes und seines Autors. Das gewaltsame Eindringen des Interpreten in den kunstvollen Bau zerstört diesen und bedroht die Integrität des Erbauers. Innerhalb der Bildlichkeit von Kafkas *Der Bau* scheint das durchaus einleuchtend. Der Autor hat demnach sein Werk so konstruiert, dass es den zudringlichen Gegner, den Interpreten, systematisch in die Irre führt. Doch auch das Lob der labyrinthischen Vieldeutigkeit literarischer Texte geht bei der Kafka-Lektüre in die Irre. Man bedenke nur, was die Erzählung *Der Bau* von einem Text wie *Vor dem Gesetz* bei allen Ähnlichkeiten grundlegend unterscheidet. In den meisten Varianten des von beiden Texten ausgemalten Phantasmas ist es der Protagonist, der draußen steht und in das Innere des begehrten, aber letztlich unzugänglichen Territoriums eindringen will, in das Territorium der Macht wohlgemerkt, repräsentiert durch den Vater, das Gesetz, das Gericht oder das Schloss. In *Der Bau* befindet sich der Protagonist – ein Tier, wie so oft bei Kafka – umgekehrt innen und verteidigt sich gegen die Gewalt von Eindringlingen. Kafkas Beschreibungen von Kämpfen um und gegen Macht können dazu anleiten, dem enthusiastischen Lob der Vieldeutigkeit, des Labyrinthischen, Dunklen, Unzugänglichen und Undurchschaubaren mit erheblicher Skepsis zu begegnen. Denn was da von Interpreten so häufig gepriesen wird, das sind in der Optik seines Werkes oft genug Techniken der Machterhaltung, mit denen die Autoritätsinstanzen eine fragwürdige Herrschaft ausüben und sich unangreifbar machen. Eine Prosaskizze aus Kafkas Nachlass spricht von den «verschiedenen Auslegungsmöglichkeiten der Gesetze» und beginnt mit den Worten: «Unsere Gesetze sind leider nicht allgemein bekannt, sie sind Geheimnis der kleinen Adelsgruppe, welche uns beherrscht. Wir sind davon überzeugt, daß diese alten Gesetze genau eingehalten werden, aber es ist doch etwas äußerst Quälendes nach Gesetzen beherrscht zu werden, die man nicht kennt.» (N2 270) In der Erzählung *Der Bau* hat der Protagonist die Konstruktion seines Werkes zu einem Geheimnis gemacht, das niemand kennt; er hat damit Techniken der Machterhaltung zu seiner Verteidigung übernommen.

3. Kafka-Wirkungen

Wer ist Franz Kafka? «Franz Kafka», das ist für uns nicht nur ein Eigenname zur Identifikation einer bestimmten Person, sondern der Name eines bedeutenden Autors. Texte, die unter seinem Namen veröffentlicht sind, haben das Vorrecht, unendlich oft kommentiert und interpretiert zu werden. Der Name Kafka ist darüber hinaus zum allgemein verbreiteten Zeichen geworden, dessen Bedeutung sich von seiner Person längst losgelöst und gegenüber seinen Schriften verselbständigt hat. Man kennt Kafka sogar, ohne ihn je gelesen zu haben. Man weiß von Kafka aufgrund mehr oder weniger gelungener Aufbereitungen seiner Prosatexte für das Theater oder für den Film, aufgrund von Umdichtungen, Paraphrasen, Anspielungen, Zitaten und zahllosen Imitationen. Die literarische Phantasiewelt Kafkas hat unsere Weltdeutungen und Wahrnehmungsmuster wie das Werk kaum eines anderen Autors okkupiert und präformiert.

Die Zeichen der Kafkapopularität sind recht unterschiedlich. Eines davon, ein bemerkenswertes, ist der Begriff «kafkaesk».[5] Seit den siebziger Jahren wurde er für wörterbuchreif befunden. Der deutsche Rechtschreibeduden führt das Wort zum ersten Mal in seiner 17. Auflage von 1973 auf. Das von der Duden-Redaktion bearbeitete *Große Wörterbuch der deutschen Sprache* erläutert 1977 «kafkaesk» als bildungssprachlichen Ausdruck, der so viel bedeutet wie «in der Art der Schilderungen Kafkas; auf rätselhafte Weise unheimlich, bedrohlich».

Ursprünglich wurde das Wort «kafkaesk» in innerliterarischen Zusammenhängen gebraucht, und zwar zur Bezeichnung von literarischen Textmerkmalen, die sich der Ähnlichkeiten mit oder der Nachahmung von Kafka-Texten verdanken. Die eigentliche Karriere des Begriffes begann jedoch erst mit seiner Verwendung zur Bezeichnung außerliterarischer Sachverhalte. Dabei stand er für Situationen und diffuse Erfahrungen der Angst, Unsicherheit und Entfremdung, des Ausgeliefertseins an unbegreifliche, anonyme, bürokratisch organisierte Mächte, der Konfrontation mit Terror, Absurdität, Ausweg- oder Sinnlosigkeit, mit innerer Düsternis, Schuld und Verzweiflung. Mit dem Adjektiv «kafkaesk» ließen sich solche Erfahrungen literarisch autorisieren und nobilitieren, doch mit Kafka und seinem Werk hat die Bezeichnung «kafkaesk» nur noch entfernt etwas zu tun. Die mit ihr verbundenen Vorstellungen sind weitgehend festgelegt und gegenüber Korrekturen durch genauere, kenntnisreichere und methodisch versiertere Text- und Kontextlektüren kaum noch zu erschüttern.

Obwohl Kafka wenig veröffentlichte, war er schon zu Lebzeiten ein hochangesehener Autor. Aber sein Renommee beschränkte sich auf einen relativ kleinen Kreis Eingeweihter. Die Erzählungen erschienen zum größten Teil in den Verlagen und Zeitschriften des literarischen Expressionismus. Doch in der expressionistischen Literaturszene blieb er, verglichen mit seinen Prager Freunden Max Brod und vor allem Franz Werfel, eine Randfigur. Erst durch die posthume Publikation seiner fragmentarischen Romane *Der Prozess* (1925), *Das Schloss* (1926) und *Amerika* (1927) erreichte sein Werk eine größere Öffentlichkeit.

3. Kafka-Wirkungen

Die Breitenwirkung im deutschen Sprachraum wurde freilich durch die nationalsozialistische Kulturpolitik verhindert oder doch zumindest lange verzögert. Zu Ruhm gelangte Kafka zunächst in England, Frankreich und vor allem in den USA, erst in den fünfziger Jahren auch in Deutschland, als der S. Fischer Verlag seine *Gesammelten Werke* herausbrachte.

Die Geschichte der Kafka-Rezeption ist die Geschichte eines Kampfes um Anerkennung in mehrfacher Hinsicht: ein Kampf, den der Autor selbst im Elternhaus zu führen begann und den er als Kampf um die Anerkennung seiner Identität und um die Selbstbehauptung als Schriftsteller immer wieder literarisch thematisierte; ein Kampf um Anerkennung in der literarischen Öffentlichkeit, der zunächst maßgeblich von seinem Freund und Förderer Max Brod bestritten wurde; ein Prestige- und Richtungskampf auch zwischen Kafkainterpreten und literaturwissenschaftlichen Schulen; ein Abgrenzungskampf zwischen sozialen Schichten und Gruppen, in dem Kafka-Kennerschaft zum sublimen Ausweis der Zugehörigkeit zu einer kulturellen Elite geworden ist.[6]

Vor allem aber hatte der Kampf um Kafka auch eine enorme (kultur)politische Brisanz und Symbolkraft. Das gilt besonders für die Rezeption im Osten Europas. Unter der Doktrin des Sozialistischen Realismus galt sein Werk als tabuisiertes Musterbeispiel bürgerlich-kapitalistischer Dekadenz. Bevor im Sommer 1968 die sowjetischen Panzer dem Prager Reformfrühling ein brachiales Ende bereiteten, waren tschechische Emanzipationsbewegung und Kafka-Kult ganz eng miteinander verknüpft. Mit dem einen wurde dann auch das andere unterbunden. Was man von dem «Kafkaismus» der tschechischen Reformer zu halten habe, formulierte der Vorsitzende des Verbandes tschechischer Schriftsteller im Juni 1972 in eben jener medizinisch-militanten Bildlichkeit, in der die nationalsozialistischen Kulturpolitiker ihre Attacken gegen die «entartete» Literatur der Moderne vorgebracht hatten: dieser Kafkaismus sei «eine ansteckende Krankheit, welche die Infektion in das Blut der sozialistischen Länder trägt und als Messer die Arterien der fortschrittlichen Traditionen durchschneidet.»[7]

4. Kafka und die Moderne

Die kulturpolitischen Kämpfe um Kafka sind wichtiger Bestandteil der Auseinandersetzungen um die Moderne. Ein Repräsentant der «Moderne» ist Kafka im Doppelsinn dieses Begriffs: als Autor der expressionistischen Generation wirkte er mit an der ästhetisch modernen Destruktion klassizistischer Kunstnormen, und zugleich reflektiert sein Werk die gesellschaftlichen Modernisierungsprozesse, die sich in jener Zeit rapide beschleunigten und vielfältige Krisenerfahrungen zur Folge hatten. Die ästhetische Moderne der nachnaturalistischen Generation, die um 1910 die literarische Szene zu prägen begann, zeigte ihre Modernität damit, dass sie, anders als Heimatkunstbewegung, Neoklassizismus oder Ästhetizismus um 1900, die zivilisatorisch-technischen Modernisierungsprozesse formal und thematisch in sich aufnahm. Sie begegnete diesen Prozessen jedoch gleichzeitig, anders als zum Teil noch der Naturalismus, mit einer abgrundtiefen Skepsis. Die psychischen Modernisierungsschäden, die im 20. Jahrhundert immer wieder als Erfahrungen einer fremd werdenden, versachlichten, kalten und undurchschaubaren Lebenswelt beschrieben wurden, sind durchgängige Motive in Kafkas Werk. Als Angestellter der Prager Arbeiter-Unfall-Versicherung war er mit den Folgelasten der modernisierten Arbeitswelt unmittelbar konfrontiert. Von der modernen Kolonialisierung des Kopfes und des Körpers durch Justiz, Bürokratie oder Erziehung handelt sein Werk ebenso wie von neuen Verkehrs- und Nachrichtentechniken.

Im Amerika-Roman bekommt Karl Roßmann einen kleinen Einblick in das moderne Speditionsgeschäft seines Onkels. Es war «ein Geschäft, welches in einem Käufe, Lagerungen, Transporte und Verkäufe riesenhaften Umfangs umfaßte und ganz genaue, unaufhörliche telephonische und telegraphische Verbindungen mit den Klienten unterhalten mußte. [...] Im Saal der Telephone giengen wohin man schaute die Türen der Telephonzellen auf und zu und das Läuten war sinnverwirrend. Der Onkel öffnete die nächste dieser Türen und man sah dort im sprühenden elektrischen Licht einen Angestellten gleichgültig gegen jedes Geräusch der Türe, den Kopf eingespannt in ein Stahlband, das ihm die Hörmuscheln an die Ohren drückte. Der rechte Arm lag auf einem Tischchen, als wäre er besonders schwer und nur die Finger, welche den Bleistift hielten, zuckten unmenschlich gleichmäßig und rasch. In den Worten, die er in den Sprechtrichter sagte, war er sehr sparsam und oft sah man sogar, daß er vielleicht gegen den Sprecher etwas einzuwenden hatte, ihn etwas genauer fragen wollte, aber gewisse Worte, die er hörte zwangen ihn, ehe er seine Absicht ausführen konnte, die Augen zu senken und zu schreiben. [...] Mitten durch den Saal war ein beständiger Verkehr von hin und her gejagten Leuten. Keiner grüßte, das Grüßen war abgeschafft, jeder schloß sich den Schritten des ihm vorhergehenden an und sah auf den Boden auf dem er möglichst rasch vorankommen wollte oder fieng mit den Blicken wohl nur einzelne Worte oder Zahlen von Papieren ab, die er in der Hand hielt und die bei seinem Laufschritt flatterten.» (V 66 f.) In dieser von modernen Kommunikationstechniken beherrschten Szenerie kann es keine menschliche Kommunikation mehr geben. Karl Roßmann kommentiert das bewundernd mit einem Satz, der vom Autor vollkommen ironisch eingesetzt ist: «Du hast es wirklich weit gebracht». Er sagt dies «auf einem dieser Gänge durch den Betrieb, auf dessen Durchsicht man viele Tage verwenden mußte, selbst wenn man jede Abteilung gerade nur gesehen haben wollte.» (V 67)

Die Vertreibung des sechzehnjährigen Karl Roßmann aus der europäischen Heimat in die Fremde des modernen Amerika gleicht den Konfrontationen des Europäers mit den Modernisierungsprozessen im eigenen Land. Beides wird ihm fremd und undurchschaubar: die alten, ehemals Orientierung und Halt gebenden Traditionen ebenso wie die neue Welt, von der der Onkel in Amerika sagt: «Alle Entwicklungen gehen hier so schnell vor sich». Einer Form von Literatur und Literaturwissenschaft, die sich die Kompensation technisch-wissenschaftlicher Modernisierungsschäden zur Aufgabe macht, kommt dieses Werk nicht entgegen. Der Name Kafka steht vielmehr für ein ästhetisch modernes Konzept, das sich, in Opposition zu den ideologisierten Traditionen der klassisch-idealistischen Ästhetik, der

Indienstnahme für kompensatorische Aufgaben hartnäckig verweigert. In einem frühen Brief an den Freund Oskar Pollak schrieb Kafka die später viel zitierten Sätze: «Ich glaube, man sollte überhaupt nur solche Bücher lesen, die einen beißen oder stechen. Wenn das Buch, das wir lesen, uns nicht mit einem Faustschlag auf den Schädel weckt, wozu lesen wir dann das Buch? Damit es uns glücklich macht, wie Du schreibst? Mein Gott, glücklich wären wir eben auch, wenn wir keine Bücher hätten, und solche Bücher, die uns glücklich machen, könnten wir zur Not selber schreiben. Wir brauchen aber die Bücher, die auf uns wirken wie ein Unglück, das uns sehr schmerzt, wie der Tod eines, den wir lieber hatten als uns, wie wenn wir in Wälder verstoßen würden, von allen Menschen weg, wie ein Selbstmord, ein Buch muß die Axt sein für das gefrorene Meer in uns.» (Br1 36) In ähnliche Richtung zielte der Brief, den Kafka später, im Oktober 1916, an seinen Verleger Kurt Wolff schrieb. Dieser hatte das Peinliche an der Erzählung *In der Strafkolonie* gerügt und bekam zur Antwort: «Ihr Aussetzen des Peinlichen trifft ganz mit meiner Meinung zusammen, die ich allerdings in dieser Art fast gegenüber allem habe, was bisher von mir vorliegt. Bemerken Sie, wie wenig in dieser oder jener Form von diesem Peinlichen frei ist! Zur Erklärung dieser letzten Erzählung füge ich nur hinzu, daß nicht nur sie peinlich ist, daß vielmehr unsere allgemeine und meine besondere Zeit gleichfalls sehr peinlich war und ist und meine besondere sogar noch länger peinlich als die allgemeine.» (Br3 253)

Kafkas literarische Phantasien sind keineswegs so phantastisch und realitätsentrückt, wie uns das manche Interpreten einreden wollen. Die Realität, auf die sie sich beziehen, ist in allen ihren Peinlichkeiten die seiner Zeit im Allgemeinen und zugleich die seiner eigenen Person im Besonderen. Kafkas Werk widersetzt sich allen Literaturtheorien, deren analytische Praxis die historischen Kontexte und das individuelle Subjekt des Autors mit programmatischer Gleichgültigkeit ausklammert.

5. Literarische Autobiographik

Wer war Franz Kafka? Michel Foucault hat 1969 in einem die Literaturwissenschaft stark inspirierenden Vortrag mit dem Titel *Was ist ein Autor?* die Frage nach der individuellen Persönlichkeit eines Autors für unerheblich erklärt. «Wen kümmert's, wer spricht, hat jemand gesagt, wen kümmert's, wer spricht.» Diese Sätze Becketts machte Foucault zum Motto einer Kette von Argumentationen, die ein Ziel haben: die Vorstellungen von der Individualität des Autors, die sich in seinen Werken ausdrücke, in Frage zu stellen. In der Gleichgültigkeit gegenüber dem schreibenden Subjekt müsse man «eines der ethischen Grundprinzipien heutigen Schreibens erkennen.» Gemeint ist ein Schreiben, das sich nicht mehr als Ausdruckskunst versteht oder als eine «Form von Innerlichkeit», sondern als ein Spiel mit Zeichen, die nicht auf einen Autor oder auf bestimmte Inhalte verweisen, sondern nur noch auf sich selbst.[8]

Für bestimmte Autoren, ästhetische Programme und Literaturtheorien unseres Jahrhunderts trifft dies sicher zu, für Kafka jedoch nur mit erheblichen Einschränkungen. So wie gerade der Expressionismus schon vom Begriff her einem Konzept zuwiderläuft, das Literatur nicht mehr als Ausdruckskunst versteht, sondern den literarischen Text von der Person des Autors abgelöst wissen will, so auch das Werk und das Selbstverständnis Kafkas. Seine Vorlieben als Leser anderer Autoren, seine Werke und seine Äußerungen über diese verweisen vielmehr auf Vorstellungen, die den literarischen Text ganz eng an die Existenz seines Autors gebunden wissen wollen.

Geht man dem nach, was Kafka bevorzugt gelesen hat, so fällt sein besonderes Interesse an biographischer und vor allem autobiographischer Literatur auf. Es prägte sich schon sehr früh aus und bezog sich vornehmlich auf Bücher, die mit seinen eigenen Existenzproblemen zu tun hatten. Typisch dafür ist seine erste Lektüre des dänischen Philosophen Sören Kierkegaard, dem die Existenzphilosophie des 20. Jahrhunderts grundlegende Anregungen verdankt. Was Kafka und viele seiner Zeitgenossen damals an Kierkegaard beeindruckte, war nicht zuletzt der programmatische Bezug des Denkens auf die existentiellen Probleme der denkenden Person und die damit verbundenen Stimmungslagen der Angst oder Verzweiflung. Bei Kierkegaard wie bei Kafka und vielen anderen Autoren um 1910 richtete sich die betonte Hinwendung zu den existentiellen Belangen des eigenen Subjekts gegen ein bloß ästhetisches, unverbindlich-spielerisches Dasein und eines, das in der Konstruktion abstrakter Denksysteme (in der Art Hegels) von den Existenzproblemen des eigenen Ich absieht. «Während das objektive Denken gegen das denkende Subjekt und dessen Existenz gleichgültig ist, ist der subjektive Denker als existierender an seinem Denken wesentlich interessiert: er existiert ja darin.»[9] So wie Kierkegaard das Denken um des Denkens willen ablehnte, wandte sich die expressionistische Generation (und mit ihr Kafka) gegen das L'art pour l'art, die Kunst um der Kunst, das Ästhetische um des Ästhetischen willen. Als authentisch galt ihr nur das Denken und Schreiben, das sich durch Erfahrungen der eigenen Person beglaubigen konnte. Kurt Hiller, einer der führenden Programmatiker des Expressionismus, betonte 1910, dass Philosophie für die jüngste Generation «nicht fachliche, sondern vitale Bedeutung» habe, «nicht Lehrsache, Geschäft, Moralität oder Schweißausbruch» sei, «sondern: Erlebnis».[10] Auch unter diesem Aspekt sind jene schon zitierten Sätze aus dem Brief an Oskar Pollak zu lesen, in denen Kafka nach solchen Büchern verlangte, «die einen beißen oder stechen», die uns «mit einem Faustschlag auf den Schädel» wecken, «auf uns wirken wie ein Unglück, das uns sehr schmerzt», und die «Axt» sein müssen «für das gefrorene Meer in uns.»

Kafka kommentierte seine erste Kierkegaard-Lektüre am 21. August 1913 im Tagebuch mit den bezeichnenden Worten «Ich habe heute Kierkegaard Buch des Richters bekommen. Wie ich es ahnte, ist sein Fall trotz wesentlicher Unterschiede dem meinen sehr ähnlich zumindest liegt er auf der gleichen Seite der Welt. Er bestätigt mich wie ein Freund.» (T 578) Der «Fall», so wird aus dem folgenden ersichtlich, betrifft Kierkegaards Verhältnis zu seiner Verlobten Regine Olsen, in dessen Problematik Kafka Ähnlichkeiten mit der eigenen Beziehung zu Felice Bauer erkannte.

Kierkegaards *Buch des Richters* war ein 1905 in deutscher Übersetzung erschienener Band mit Auszügen aus seinen Tagebüchern. Für Tagebücher, Briefe oder Lebenserinnerungen anderer Autoren entwickelte Kafka schon früh eine besondere Vorliebe.[11] 1904, im Alter von 21 Jahren also, las er Marc Aurels *Selbstbetrachtungen*. Der zitierten Passage aus dem Brief an Oskar Pollak geht eine Bemerkung über die Lektüre von Hebbels Tagebüchern voran, die er außerordentlich schätzte. Noch im selben Jahr las er die Tagebücher und Briefe Byrons. Mit welchem Autor auch immer Kafka sich eingehender auseinandersetzte, stets zeigte er sich an dessen Biographie brennend interessiert. Ihn kümmerte es, wer da schrieb. Er las Biographien über Grabbe und über Schopenhauer, über Dostojewskij und Flaubert. Von Goethe schätzte er besonders den *Werther* und die *Wahlverwandtschaften*, und auch diese Lektüre war begleitet von einem besonderen Interesse an Goethes Persönlichkeit. Als er sich 1911 und 1912 intensiver mit Goethe auseinanderzusetzen begann, war es wieder die Autobiographik des Weimarer Klassikers, die ihn faszinierte: die Tagebücher und natürlich *Dichtung und Wahrheit*. Einer der von ihm favorisierten Autoren war Flaubert, doch er schätzte ihn nicht nur als Romancier, sondern auch als den Autor der Tagebücher und vor allem der Briefe.

Den Vorlieben des Lesers entsprachen die des Schriftstellers. In die Zeit seines ersten intensiven Interesses an autobiographischen Schriften anderer fallen die Anfänge seines eigenen Tagebuchschreibens. Es findet allerdings erst später, ab November 1910, seine charakteristische Form. Die Einträge werden jetzt datiert und beziehen sich auf gegenwärtige Ereignisse und innere Zustände. Mitte Dezember, als die Lektüre von Goethes Tagebüchern mit dem Schreiben des eigenen einhergeht, notiert er: «Ich werde das Tagebuch nicht mehr verlassen. Hier muß ich mich festhalten, denn nur hier kann ich es.» (T 131) Neben das Tagebuchschreiben und zeitweilig auch an seine Stelle tritt das Schreiben von Briefen. Es war für Kafka, wie er 1922 rückblickend bekennt, «eine wesentliche Form des Lebens» (Br 369), eine Form der Aussprache mit sich selbst und mit anderen, eine

Form der sozialen Kontaktaufnahme, die Nähe und zugleich Distanz zu anderen Menschen ermöglichte, Nähe und Distanz auch zu sich selbst.

Zwischen Kafkas autobiographischen Zeugnissen und seinem literarischen Werk strikte Grenzen zu ziehen ist unmöglich. Wenn hier im Blick auf Kafkas Schriften von «literarischer Autobiographik» die Rede ist, so in einem doppelten Sinn: Kafkas «Autobiographik» (die Briefe und Tagebücher) ist in hohem Maße literarisch stilisiert, und Kafkas «Literatur» (die fiktionalen Erzählungen und Romane vor allem) ist in hohem Maße autobiographisch.

Kafka selbst hat wiederholt die Ichbezogenheit seiner Dichtung hervorgehoben. «Der Roman bin ich, meine Geschichten sind ich» (Br2 15), schrieb er Anfang Januar 1913 an Felice Bauer. Und eine berühmte Tagebuch-Aufzeichnung vom 6. August 1914 (wenige Tage nach Beginn des Weltkriegs!) lautet: «Der Sinn für die Darstellung meines traumhaften innern Lebens hat alles andere ins Nebensächliche gerückt» (T 546). Die Betonung des autobiographischen Charakters fiktionaler Dichtung findet sich bei Autoren seiner, der expressionistischen Generation immer wieder. Georg Heym forderte vom Dichter, «daß er sein Leben dichtet und nur sich selbst.»[12] Kafka ist diesem Imperativ auch in der Weise gefolgt, dass er seine fiktionalen Texte systematisch mit Signalen durchsetzt hat, die dazu provozieren, als autobiographische entziffert zu werden. Schon der Anfangsbuchstabe K., mit dem der Nachname der Protagonisten in den Romanen *Der Prozess* und *Das Schloss* abgekürzt ist, gehört zu diesen Signalen. Der Vorname Josef (im *Prozess*) ist in der Zeit des Kaisers Franz Josef leicht als Austauschname für Franz zu erkennen, über den Namen des Helden seiner Lieblingserzählung *Das Urteil* (Georg Bendemann) notierte Kafka im Tagebuch am 11. Februar 1913: «Georg hat soviel Buchstaben wie Franz. In Bendemann ist ‹mann› nur eine […] Verstärkung von ‹Bende›. Bende aber hat ebenso viele Buchstaben wie Kafka und der Vokal e wiederholt sich an den gleichen Stellen wie der Vokal a in Kafka.» (T 492) Der Name Gregor Samsa in der Erzählung *Die Verwandlung* lässt sich ganz analog als

Kryptogramm entziffern. Nach den Erläuterungen zu Bendemann folgen in der zitierten Tagebuchpassage über *Das Urteil* entsprechende zur lautlichen Affinität von Frieda Brandenfeld zu Felice Bauer: «Frieda hat ebensoviel Buchstaben wie Felice und den gleichen Anfangsbuchstaben, Brandenfeld hat den gleichen Anfangsbuchstaben wie Bauer». (T 492)

Kafkas gesamtes Werk ist von einem derartigen Signalsystem durchsetzt. Der interpretatorische Umgang mit ihm ist freilich höchst problematisch. Zu welchen Fehlschlüssen er führen kann, zeigt Kafkas Kommentar zur Reaktion der jüngsten Schwester Ottla auf *Das Urteil*. Ottla meinte, hier die Wohnung der Familie wiederzuerkennen. «Ich staunte darüber, wie sie die Örtlichkeit mißverstand und sagte: ‹Da müßte ja der Vater auf dem Kloset wohnen.›» (T 493) Die Bemerkung mag den Interpreten eine Warnung davor sein, dass biographische Versuche, die literarische Wirklichkeit in Kafkas Erzählungen und Romanen auf dessen Person und Lebensumstände zu beziehen, zu absurden (oder auch belanglosen) Fehlschlüssen führen können. Gleichwohl hat Kafka mit seinem autobiographischen Signalsystem die mit seinem Leben vertrauten Leser (die ersten Leser bzw. Hörer jener Texte waren meist Verwandte oder Freunde) zu solchen Versuchen selbst herausgefordert und ihr Interesse an seiner Person systematisch gefördert. Dieses Signalsystem fordert gleichsam dazu auf, sich darum zu kümmern, wer da spricht. Die Charakterisierung der Persönlichkeit Kafkas bereitet indes ähnliche Schwierigkeiten wie die Interpretation seiner Werke.

6. Ein Selbstportrait: *Brief an den Vater*

Wer war Franz Kafka? Nicht nur als Autor, das heißt als Bild, das man sich von ihm bei der Lektüre seines literarischen Werkes macht, sondern als Person? Zur Beantwortung dieser Frage sind wir wiederum auf Texte angewiesen, auf Kafkas eigene Selbstdarstellungen und auf die Texte derer, die ihn kannten und über ihn geschrieben haben. Das war vor allem Max Brod, der Entdecker, Förderer, enge Freund und Nachlassverwalter, der 1937 in Prag seine dann in vielen Sprachen verbreitete Kafka-Biographie veröffentlichte. Max Brod war es auch, der aufgrund seines persönlichen Umgangs mit Kafka sogleich entschiedene Zweifel darüber äußerte, dass sich aus dessen Werken und autobiographischen Zeugnissen ein authentisches Bild der Persönlichkeit gewinnen lasse.

Das wohl bedeutendste dieser Zeugnisse ist der *Brief an den Vater*, den Franz Kafka im November 1919 schrieb und den der Vater Hermann Kafka, aus welchen Gründen auch immer, nie zu Gesicht bekam. Etliche Passagen des Briefes wurden erstmals 1937 im Rahmen von Max Brods Biographie der Öffentlichkeit zugänglich. Der ganze Brief erschien erst im Rahmen der *Gesammelten Werke*. Brod reihte ihn hier, nach einigem Zögern, doch völlig zurecht, in das literarische Œuvre Kafkas ein, obwohl er ihn zugleich auch als einen privaten Brief einschätzte. Brods editorischer Zwiespalt ist symptomatisch für die Schwierigkeiten, Kafkas literarisches Werk von seiner Autobiographik streng zu trennen. Wenn Brod und, wohl in Anlehnung an ihn, später auch Deleuze und Guattari an dem Brief die Tendenz zur Übertreibung konstatieren oder sogar kritisieren, dann haben sie Merkmale des Textes vor Augen, die zu den charakteristischen Merkmalen von Kafkas literarischem Stil überhaupt gehören. Durch Übertreibung bis hin zu grotesken und zuweilen komisch-karikaturhaften Verzerrungen hat er die wahrgenommene Realität immer wieder zur besseren Kenntlichkeit entstellt. «Um mich Dir gegenüber nur ein wenig zu behaupten», heißt es dafür bezeichnend in dem Brief, «zum Teil auch aus einer Art Rache fing ich bald an kleine Lächerlichkeiten, die ich an Dir bemerkte, zu beobachten, zu sammeln, zu übertreiben.» (N2 166) Ein kleines Beispiel, das typisch ist für Kafkas Art, die Respekt verlangenden Repräsentanten sozialer Macht lächerlich und unglaubwürdig zu machen, hatte der Brief selbst zuvor gegeben. Den Vorwurf, der Vater habe sich selbst nicht an die Gebote gehalten, die er dem Sohn auferlegte, illustrierte er so: «Bei Tisch durfte man sich nur mit Essen beschäftigen, Du aber putztest und schnittest Dir die Nägel, spitztest Bleistifte, reinigtest mit dem Zahnstocher die Ohren.» (N2 156)

6. Ein Selbstportrait: «Briefe an den Vater»

Schon der Umfang des knapp 50 Schreibmaschinenseiten und 2 ½ handschriftliche Seiten langen Briefs deutet darauf, dass der ursprünglich private und viel kürzer geplante Brief an den Vater im Prozess des Schreibens zu einer literarisch ambitionierten Anklageschrift gegen den Vater geriet und wohl nicht zuletzt deshalb seinem Adressaten vorenthalten wurde. Der Brief enthält zwei Personenportraits, die einander wechselseitig erhellen und kontrastiv gegenüberstehen: ein Selbstportrait und ein Portrait des Vaters. Franz Kafka charakterisierte sich selbst mit Merkmalen, die im Gegensatz stehen zu den Merkmalen, die er dem Vater zuschreibt. Der Vater: ein ungemein vitaler, lebenskräftiger, starker und selbstbewusster Mann; der Sohn: ein schwacher, lebensuntauglicher, kränklicher Mensch, ohne Selbstvertrauen, gequält von permanenten Schuldgefühlen und Ängsten. «Ich mager, schwach, schmal, Du stark, groß, breit.» (N2 151) Durch solche Gegenüberstellungen ist der Brief zu weiten Teilen strukturiert. «Vergleiche uns beide: ich, um es sehr abgekürzt auszudrücken, ein Löwy [der Familienname der Mutter] mit einem gewissen Kafka'schen Fond, der aber eben nicht durch den Kafka'schen Lebens-, Geschäfts-, Eroberungswillen in Bewegung gesetzt wird, sondern durch einen Löwy'schen Stachel, der geheimer, scheuer, in anderer Richtung wirkt und oft überhaupt aussetzt. Du dagegen ein wirklicher Kafka an Stärke, Gesundheit, Appetit, Stimmkraft, Redebegabung, Selbstzufriedenheit, Weltüberlegenheit, Ausdauer, Geistesgegenwart» (N2 146). Der Vater ist tyrannisch, launisch, extravertiert, robust und skrupellos, der Sohn dagegen ein introvertierter Hypochondrist: «Mich beschäftigte nur die Sorge um mich, diese aber in verschiedenster Weise. Etwa als Sorge um meine Gesundheit; es fieng leicht an, hier und dort ergab sich eine kleine Befürchtung wegen der Verdauung, des Haarausfalls, einer Rückgratsverkrümmung u. s. w., das steigerte sich in unzählbaren Abstufungen, schließlich endete es mit einer wirklichen Krankheit. [...] Aber da ich keines Dinges sicher war, von jedem Augenblick eine neue Bestätigung meines Daseins brauchte, nichts in meinem eigentlichen, unzweifelhaften, alleinigen, nur durch mich eindeutig bestimmten Besitz war, in Wahrheit ein enterbter Sohn, wurde mir natürlich auch das Nächste, der eigene Körper unsicher; ich wuchs lang in die Höhe, wußte damit aber nichts anzufangen, die Last war zu schwer, der Rücken wurde krumm; ich wagte mich kaum zu bewegen oder gar zu turnen, ich blieb schwach; staunte alles, worüber ich noch verfügte als Wunder an, etwa meine gute Verdauung; das genügte, um sie zu verlieren und damit war der Weg zu aller Hypochondrie frei, bis dann unter der übermenschlichen Anstrengung des Heiraten-Wollens (darüber spreche ich noch) das Blut aus der Lunge kam». (N2 194 f.)

Verheiratet zu sein gehört zu den Merkmalen, durch die der Vater vom erwachsenen Sohn grundlegend unterschieden ist. Kafka beschreibt seine Skrupel gegenüber der Eheschließung, die nach seinen Worten «das Äußerste» ist, «das einem Menschen überhaupt gelingen kann» (N2 200), als Bewusstsein eines Mangels an Eigenschaften, die der Vater hat, nicht jedoch er selbst: «Das wichtigste Ehehindernis aber ist die schon unausrottbare Überzeugung, daß zur Familienerhaltung und gar zu ihrer Führung alles das notwendig gehört, was ich an Dir erkannt habe, undzwar alles zusammen, Gutes und Schlechtes, so wie es organisch in Dir vereinigt ist, also Stärke und Verhöhnung des andern, Gesundheit und eine gewisse Maßlosigkeit, Redebegabung und Unzugänglichkeit, Selbstvertrauen und Unzufriedenheit mit jedem andern, Weltüberlegenheit und Tyrannei, Menschenkenntnis und Mißtrauen gegenüber den meisten, dann auch Vorzüge ohne jeden Nachteil wie Fleiß, Ausdauer, Geistesgegenwart, Unerschrockenheit. Von alledem hatte ich vergleichsweise fast nichts oder nur sehr wenig». (N2 212 f.)

Das Bild, das Kafka in diesem Brief an den Vater ähnlich wie in vielen anderen Briefen und in den Tagebüchern von sich selbst vermittelt, stimmt nicht überein mit dem Bild, das sein persönliches Auftreten bei anderen hinterließ. Er selbst hat solche Diskrepanzen bemerkt und wiederholt thematisiert, z. B. am 19. März 1913 in einem Brief nach Berlin an Felice Bauer. Er spricht hier von seiner geradezu zwanghaften Neigung zur Selbstdarstellung: «Natürlich ist es ja nur meine Schwäche, die jede Gelegenheit benutzt, um sich über mein ganzes Wesen auszubreiten [...]. Ich fahre nach Berlin zu keinem andern Zweck, als um Dir, der durch Briefe Irregeführten, zu sagen und zu zeigen, wer ich eigentlich bin. Werde ich es persönlich deutlicher machen, als ich es schriftlich konnte? Schriftlich mißlang es, weil ich mir bewußt und unbewußt entgegenarbeitete; wenn ich aber wirklich dasein werde, wird sich nur wenig verbergen lassen, selbst wenn ich mich anstrengen sollte, es zu tun. Die Gegenwart ist unwiderleglich.» (Br2 140)

Kafkas Selbstdarstellungen scheinen in der Tat im Prozess ihrer Verschriftlichung eine eigene, nachgerade zwanghafte Dynamik anzunehmen, deren Ergebnis ihn zu ständigen Korrekturen veranlasste. Aber nicht nur ihn selbst. Besonders Max Brod hat in seiner Biographie solche Korrekturen vorgenommen. Er hob mit Recht das Konstruierte an dem Brief an den Vater hervor und seine Tendenz zum Übertreiben, ohne freilich darin die literarisierenden Elemente und typischen Eigenheiten des Kafkaschen Schreibstils zu erkennen: «Der ihm Nahestehende hatte jedenfalls ein anderes Bild als das eines von der Vater-Imago Gehetzten, hatte das Bild des von Form, Gestaltungswillen und Können, Erkenntnistrieb, Lebensbeobachtung, Menschenliebe glühend Beschwingten.» Und: «Von irgendeinem Belastetsein durch zwanghafte, düstere Jugendeindrücke, Décadence oder Snobismus, die sich leicht als Auswege aus solcher Gedrücktheit hätten anbieten können, von Zerknitterung, Zerknirschung der Seele war für den, der mit Kafka zusammentraf, nichts zu merken. Das, was in dem ‹Brief an den Vater› niedergelegt ist, schien nach außen hin nicht zu existieren – oder zeigte sich vielmehr nur andeutungsweise und nur bei sehr vertrautem Umgang. Ich lernte dieses Leid erst allmählich kennen und verstehen. Für den ersten Anschein war Kafka ein gesunder junger Mensch, allerdings merkwürdig still, beobachtend, zurückhaltend. Seine geistige Richtung ging durchaus nicht auf das Interessant-Angekränkelte, Bizarre, Groteske, sondern auf das Große der Natur, auf das Heilende, Heilkräftige, Gesunde, Festgefügte, Einfache. / Ich habe immer wieder erlebt, daß Verehrer Kafkas, die ihn nur aus seinen Büchern kennen, ein ganz falsches Bild von ihm haben. Sie glauben, er müsse auch im Umgang traurig, ja verzweifelt gewirkt haben. Das Gegenteil ist der Fall.»[13]

Man hat allen Grund, auch Brods Charakterisierungen Kafkas, zumindest in Einzelheiten, zu misstrauen. Und es ist denn auch vieles gegen sie eingewendet worden. Übersehen hat man dabei, in welcher Zeit und ideologiepolitischen Situation Brod seine Kafka-Biographie veröffentlichte. Wenn er 1937 Kafka, dessen Werk es noch durchzusetzen galt, vom Odium des Krankhaften und Dekadenten zu befreien versuchte, wenn er betonte, ein wie «guter Reiter, Schwimmer, Ruderer» Kafka gewesen sei, wenn er dessen «Freude an allem Gesunden, Gewachsenen» hervorhob und dessen Desinteresse an den «Autoren der ‹Nachtseite›, der Dekadenz»[14], dann nimmt sich das vier Jahre nach der nationalsozialistischen Machtergreifung wie eine Verteidigung Kafkas gegenüber jenen Dekadenz- und Entartungsverdikten aus, mit denen die totalitäre Kulturpolitik gegen die literarische Moderne Front machte.

Richtig indes bleibt Brods Zweifel daran, dass sich aus Kafkas literarischen und autobiographischen Selbstdarstellungen ein authentisches Bild seiner Persönlichkeit gewinnen lässt. Wer schreibt, ist allein und damit immer schon in einer anderen Situation als im Zusammensein mit anderen. Die Selbstdarstellungen in Briefen sind darüber hinaus abhängig von der Beziehung des Schreibenden zum Adressaten, erzählende Texte von vorgegebenen oder vom Autor gesetzten literarischen Normen. Kafka selbst war sich der Tendenz zur Übertreibung in der Darstellung seiner depressiven Befindlichkeiten sehr wohl bewusst. In der Nacht vom 13. zum 14. Februar 1913 forderte er Felice Bauer dazu auf, über jedes Unwohlsein wahrhaftig zu berichten. «Siehst Du», fügte er hinzu, «ich verlange gar nicht, daß Du ins Schlimme übertreibst und die Übertreibung durchsichtig ist, so wie ich es – allerdings weniger aus Rücksicht auf Dich, als vielmehr infolge meine Anlage – regelmäßig tue.» (Br2 90) Im November desselben Jahres schrieb er an Grete Bloch von seiner «Lust, Schmerzliches möglichst zu verstärken». Und er spricht dabei auch über die Funktion, die diese sich beim Schreiben entfaltende Lust haben kann. «Es scheint mir für instinktschwache Menschen oft die einzige Möglichkeit Schmerz auszutreiben; man brennt eben die wunde Stelle

6. Ein Selbstportrait: «Briefe an den Vater»

aus, so wie es die von allen guten Instinkten verlassene Medicin tut.» (Br2 302)

Berücksichtigt man dies alles, so ergeben sich die Umrisse eines Persönlichkeitsbildes, das ein hervorragender Kafka-Kenner so skizziert hat: Kafka war ein von permanenten Angstzuständen, Unsicherheiten, Minderwertigkeits- und Schuldgefühlen, Kontaktschwierigkeiten und körperlichen Gebrechen bedrängter Mann, dem es gelang, in der Öffentlichkeit einen weitgehend normgerechten, angepassten und freundlich-unproblematischen Eindruck zu erwecken. Schriftlich äußerte er sich jedoch als ein zum Teil völlig andersgearteter Mensch, der zumeist leidend die auferlegten Normen zu erfüllen suchte oder sie mit hasserfüllter Vehemenz attackierte. Hinter der äußeren Fassade einer zumeist einheitlichen Erscheinung verbarg er eine dissoziierte, vielschichtige Persönlichkeit, der es durch das Schreiben und eine damit verbundene fanatische Selbstbeobachtung nur mühsam gelang, sich innerlich zu stabilisieren.[15]

Kafkas vitales Interesse an Literatur, das alle anderen Interessen beiseite drängte und verkümmern ließ, war von einem fundamentalen Bedürfnis nach Selbstanalyse und Selbstdarstellung geprägt. Im Dezember 1911 sprach er von seinem «Verlangen eine Selbstbiographie zu schreiben». Es war keineswegs ein monologisches Verlangen. Das Ergebnis, meinte er, wäre «auch dem Verständnis und Gefühl eines jeden andern zugänglich». (T 298) Ganz monologisch waren übrigens auch seine Tagebücher nicht, er hat sie wiederholt anderen zur Lektüre überlassen. Dem Bedürfnis nach Selbstmitteilung und der Hochschätzung der für ihn lebensnotwendigen Literatur stehen Bestrebungen gegenüber, sich vor anderen zu verbergen, sowie fundamentale Zweifel an der Möglichkeit authentischer Selbstdarstellung durch schriftliche Fixierungen.

Von der Person Kafka kann man also bei der Auseinandersetzung mit seinem Werk kaum absehen. Nicht minder inadäquat sind jedoch biographistische und individualpsychologische Interpretationen, die Kafkas Werk als Verschlüsselung einzelner lebensgeschichtlicher Daten und Episoden begreifen oder in ihm nur die psychischen Privatprobleme eines individuellen Subjekts zu entziffern versuchen. Dagegen steht die für Kafka charakteristische Tendenz, die Darstellung der eigenen Existenzprobleme literarisch ins Exemplarische und Allgemeine zu stilisieren. Das wiederum ist jedoch nicht (wie in existentialistischen Deutungen) in der Weise misszuverstehen, als habe Kafka gleichsam wie Heidegger einen Beitrag zur zeit- und geschichtsenthobenen Ontologie menschlicher Existenz geliefert: zur «Grundbefindlichkeit» von Angst und Geworfenheit, Schuld und Tod. Seine «Literatur der Existenz»[16] ist auch Literatur ihrer Zeit.

Der *Brief an den Vater* gibt dafür ein gutes Beispiel. Er ist mehr als Selbstportrait und autobiographisches Dokument. Zur literaturwissenschaftlichen oder psychologischen Erklärung der Erzählungen und Romane aus biographischen Fakten taugt er insofern nicht, als er selbst Literatur ist. Mit dem Brief hat Kafka eine Vielzahl der Themen und Motive aufgegriffen, die auch für seine fiktionalen Texte charakteristisch sind: Angst und Schuld, Anklagen und Verurteilungen, Freiheit und Herrschaft, Künstlertum und Beruf, Sexualität, Ehe und Familie. Ein Schlüsselbegriff dieses Briefes wie des gesamten Werkes ist «Kampf». Kafkas Werke sind zu weiten Teilen Beschreibungen eines Kampfes – eines Kampfes um und gegen Macht. Was Elias Canetti 1968 über Kafka schrieb, zielt ins Zentrum seiner Texte: «Unter allen Dichtern ist Kafka der größte Experte der Macht. Er hat sie in jedem ihrer Aspekte erlebt und gestaltet.»[17]

7. Kämpfe um Macht: Söhne und Väter

Die kontrastive Ausmalung zweier Personenportraits, des starken Vaters und des schwachen Sohnes, geht in dem großen Brief weit über individuelle Charakterskizzen und Schilderungen persönlicher Familienkonflikte hinaus. Und auch noch die Versuche, die dargestellten Konflikte auf spezifische Probleme des Prager Judentums zurückzuführen, werden ihrer Tragweite nicht gerecht. Der Vater-Sohn-Konflikt ist, in Wien, München oder Berlin ganz ähnlich wie in Prag, Standardthema jüdischer und nichtjüdischer Intellektueller der expressionistischen Generation sowie der damals noch jungen Psychoanalyse, und er

7. Kämpfe um Macht: Söhne und Väter

steht im Zentrum ihrer Kämpfe mit den Repräsentanten und Institutionen gesellschaftlicher Macht. Der «Protest gegen die Väter», schrieb der expressionistische Programmschriftsteller Rudolf Kayser 1918, ein Jahr vor der Entstehung von Kafkas Brief, über Walter Hasenclevers Drama *Der Sohn*, ist «Protest gegen die Hemmungen jugendlichen Lebens durch Staat, Gesellschaft, Familie».[18] Der Konflikt zwischen Söhnen und Vätern bildete nur ein anschauliches Muster für die vielfältigen, mitunter tief ins Unbewusste reichenden Konflikte des einzelnen mit den Autoritäten und Mächten einer patriarchalisch organisierten Gesellschaft. Er umfasst dabei psychische und soziale, juristische und pädagogische, politische und religiöse Aspekte zugleich.

Eine in diesem Zusammenhang eminent wichtige Figur (eine real existierende und eine fiktionalisierte, die in Erzählungen, Romanen, Dramen und Erinnerungen der Expressionisten immer wieder auftaucht) war der unorthodoxe Freud-Schüler Otto Gross. Wie viele andere Schriftsteller der expressionistischen Generation fühlte sich Kafka ihm zeitweilig eng verbunden. Der «bedeutendste Schüler Sigmund Freuds»[19], so der Münchner Anarchist Erich Mühsam, vermittelte den Literaten- und Bohemekreisen in München, Ascona, Berlin, Wien und Prag die Psychoanalyse in einer kulturrevolutionären Version. Er war wohl der erste, der, Jahrzehnte vor Wilhelm Reich oder Herbert Marcuse, auf sehr entschiedene Weise die Psychoanalyse zum Instrument der Gesellschaftskritik machte, indem er den Zusammenhängen von sozialen und psychischen Konflikten nachging. «Wir sind Ärzte und wollen Ärzte bleiben», soll Freud dem Kulturanalytiker einmal entgegengehalten haben. Gerade weil Gross (wie später auch Freud) sich nicht nur als Arzt und Therapeut verstand, konnte er Kafka und seine Generation derart faszinieren. In einem Brief an seine Geliebte Milena Jesenská, die Gross ebenfalls kannte und 1920 in einer Zeitung dessen Tod anzeigte, erklärte Kafka den «therapeutischen Teil der Psychoanalyse» für «einen hilflosen Irrtum». Menschliches Leiden habe eine Bedeutung, die über jene «Krankheitserscheinungen, welche die Psychoanalyse aufgedeckt zu haben glaubt», hinausgeht. (BrM 292) Als Kafka 1922 das Drama *Schweiger* des von ihm lange bewunderten Freundes Franz Werfel las, kritisierte er, dass die leidvolle Krankheitsgeschichte der Titelfigur hier zu einem psychiatrischen «Einzelfall» degradiert sei: «Das halte ich für eine Entwürdigung der Leiden einer Generation. Wer hier nicht mehr zu sagen hat als die Psychoanalyse dürfte sich nicht einmischen. Es ist keine Freude sich mit der Psychoanalyse abzugeben und ich halte mich von ihr möglichst fern, aber sie ist zumindest so existent wie diese Generation.» (N2 529) Die Psychoanalyse ist nach Kafkas Einschätzung selbst ein Dokument ihrer Zeit, eine Art Begleitkommentar zu den «Leiden einer Generation» (gemeint ist die eigene). Soweit sie jedoch ihren Blick auf individuelle Krankheitsfälle einengt, muss Literatur über sie hinausgehen und das Allgemeine im Besonderen sichtbar machen.

Mit Nachdruck hatte dies auch Otto Gross getan. Und im Mittelpunkt auch seines Lebens und Schreibens stand der Vater-Sohn-Konflikt. Das Thema zu einer umfassenderen Kulturanalyse ausgeweitet zu haben, darin vor allem bestand Gross' theoretisches Verdienst. Auch wenn Kafka nicht, zumindest nicht so entschieden und offen wie er, den revolutionären Kampf «gegen Vergewaltigung in ursprünglichster Form, gegen den Vater und das Vaterrecht»[20] propagierte, gibt es zwischen den literarischen Macht-, Abhängigkeits-, Schuld- und Ohnmachtsanalysen des einen und den theoretischen des anderen etliche Berührungspunkte. Und auch die persönlichen Erfahrungen, die dahinter standen, hatten anscheinend manche Ähnlichkeiten.

«Jemand mußte Otto G. verleumdet haben, denn ohne daß er etwas Böses getan hatte, wurde er eines Morgens verhaftet.» – Wie *Der Prozess* könnte eine Erzählung über jenen aufsehenerregenden Fall beginnen, der sich im November 1913, etwa ein dreiviertel Jahr bevor Kafka an seinem Roman zu schreiben anfing, in Berlin ereignete. Der namhafte und einflussreiche Professor für Strafrecht Hans Gross ließ seinen aus der bürgerlichen Ordnung ausgebrochenen Sohn Otto als angeblich «gemeingefährlichen Geisteskranken» mit Hilfe der Polizei aus Berlin in eine österreichische Irrenanstalt verschleppen. Kafka muss von der Affäre gewusst haben. Mehrere expressionistische Zeitschriften, die hier ein höchst reales Exempel für ihr literarisches Motiv des Vater-Sohn-Konflikts vor Augen hatten, initiierten eine Protestkampagne.[21]

Kafka war Leser der Berliner Expressionisten-Zeitschrift *Die Aktion*, die einige Aufsätze von Otto Gross publizierte. Auch hier wurde mehrfach auf den Skandal hingewiesen, sogar eine Sondernummer widmete man ihm. Doch aufmerksam musste Kafka schon deshalb auf den Fall werden, weil er den Vater aus seinem Jurastudium kannte. Drei Semester lang hatte er in Prag, wo Hans Gross damals lehrte, dessen Vorlesungen belegt.

Hans Gross war jahrelang Untersuchungsrichter gewesen. Und er ist der Verfasser eines in vielen Auflagen erschienenen und in etliche Sprachen übersetzten Standardwerks mit dem Titel *Handbuch für Untersuchungsrichter, Polizeibeamte, Gendarmen*. Ein Untersuchungsrichter ist es auch, der im Fall Josef K. Exponent jenes Gerichtswesens ist, das neben anderem vor allem eines mit den autoritären Übergriffen des Vaters und seiner Helfer im wirklichen Fall Gross gemeinsam hat: die Fragwürdigkeit und Undurchsichtigkeit. Einen guten Eindruck davon vermittelt Arnold Zweigs Stellungnahme zu dem realen Fall in der *Schaubühne*: «Warum hat die Polizei den Doktor Groß ausgewiesen? Nicht weil er Morphium nahm, heißt es jetzt, sondern weil er keine Papiere besaß. In der Tat hatte Otto Groß seine Ausweispapiere nicht; sie lagen bei seinem Vater, dem Kriminalisten Professor Hans Groß in Graz, und so oft er ihrethalben an den Vater schrieb, erhielt er Bescheid, er brauche sie nicht, denn jederzeit könne sich die Berliner Polizei direkt an den Vater nach Graz wenden, sodaß der Sohn Unannehmlichkeiten nie haben werde. Denn die Polizei aller Länder ist eine große Familie. Derselbe Vater aber hatte schon im Mai die Berliner Polizei gebeten, seinen Sohn zu beaufsichtigen (warum?) – sollten ihr also von Graz keine Papiere, sondern Aufträge, Bitten um kleine Gefälligkeiten zugegangen sein? Sie leugnet. Sie hat nämlich, sagt sie, Otto Groß gar nicht ausgewiesen; er habe sich selber freiwillig, sagt sie, in Begleitung eines befreundeten Arztes bis an die Grenze und von dort aus, freiwillig, in eine Anstalt begeben, damit man ihm dort das Kokain entziehe – sagt sie. Nun, dem gegenüber gibt es Zeugen, die von der Besetzung der Wohnung durch mehrere Männer wissen […].»[22]

Mit der Besetzung von Josef K.s Zimmer durch fremde Männer beginnt *Der Prozess*. Und K. kann seine «Legitimationspapiere» nicht finden. Doch wichtiger als vielleicht zufällige Übereinstimmungen oder oberflächliche Einflüsse sind die Analogien zwischen dem realen und dem fiktiven Fall, die übereinstimmenden Konflikte zwischen dem ohnmächtigen einzelnen und den Repräsentanten patriarchalischer Macht. Sie zeigen einmal mehr, dass Kafkas literarische Straf-, Schuld- und Angstphantasien keineswegs von realitätsentrückter Phantastik und keineswegs einzigartig sind, sondern weithin repräsentativ für die Erfahrungen seiner Generation. Die patriarchalische Allianz von Vaterfiguren, Gerichtsbehörden oder Schlossherren, wie wir sie aus seinem Werk kennen, empörte ganz ähnlich auch Arnold Zweig an dem Fall Otto Gross, wenn er «die Synthese von Vaterschaft und Bürokratie» anprangerte. Die Unzulänglichkeit und Unzugänglichkeit, die Ignoranz oder auch banale Lächerlichkeit der gleichwohl mächtigen Behörden machen Kafkas Erzählwerke provozierend anschaulich; bei Arnold Zweig lesen wir: «Gesetzt den Fall, daß im österreichischen Reichsrat über diesen Otto Groß geredet werden sollte, so wird die Mehrzahl der Abgeordneten frühstücken, der Ministertisch wird leer sein, irgendein Ministerialrat wird strengste und sorgfältige Prüfung zusichern […].»[23]

Josef K.s Fall ist zwar über alle Realitätsbezogenheit hinaus auch und vor allem Metapher für einen inneren Prozess, Bild eines vielschichtigen Schuldkomplexes, der Kafkas eigener war, doch gehörte es gerade zu den Einsichten der Psychoanalyse, zumal einer von der Art, wie sie Otto Gross vertrat, dass innere Konflikte und Machtkämpfe nur Spiegelbild äußerer, zwischenmenschlicher Beziehungen sind. Der «Konflikt zwischen dem Individuum und der Allgemeinheit», schrieb Gross in der *Aktion*, «verwandelt sich unter dem Druck des sozialen Zusammenlebens naturnotwendig in einen Konflikt im Individuum selbst, weil sich das Individuum sich selbst gegenüber als der

Vertreter der Allgemeinheit zu fühlen beginnt». Die «ins eigene Innere eingedrungene Autorität» führe in der Psyche des einzelnen zum «Konflikt des Eigenen und des Fremden», der individuellen Bedürfnisse einerseits und des «Anerzogenen und Aufgezwungenen» andererseits.»[24]

Während einer nächtlichen Bahnfahrt von Budapest nach Prag lernte Kafka im Juli 1917 Otto Gross persönlich kennen. Der Wiener Schriftsteller Anton Kuh, ein Schwager von Gross, war mit dabei. Es muss eine merkwürdige Reise gewesen sein. Kuh, so berichtete Kafka an Milena, «sang und lärmte die halbe Nacht», während Gross ihm seine Lehre darzulegen versuchte. (BrM 78 f.) Noch im gleichen Monat trafen sich die beiden in der Wohnung von Max Brod. Der gab darüber später in seiner Kafka-Biographie einen kurzen Bericht: «Der 23. Juli sieht dann noch eine größere Gesellschaft bei mir, an der außer Kafka der Musiker Adolf Schreiber, Werfel, Otto Groß und dessen Frau teilnahmen. Groß entwickelte einen Zeitschriftenplan, für den sich Kafka sehr interessierte.»[25] Kafkas eigene Erinnerung klang, noch vier Monate danach, weit begeisterter. An Brod schrieb er: «Wenn mir eine Zeitschrift längere Zeit hindurch verlockend schien (augenblicksweise natürlich jede) so war es die von Dr Gross, deshalb weil sie mir, wenigstens an jenem Abend, aus einem Feuer einer gewissen persönlichen Verbundenheit hervorzugehen schien. Zeichen eines persönlich aneinander gebundenen Strebens, mehr kann vielleicht eine Zeitschrift nicht sein.» (Br3 364)

Blätter zur Bekämpfung des Machtwillens sollte sie heißen. Sie ist nie erschienen; doch das «Feuer einer gewissen persönlichen Verbundenheit» mit Gross hat im Spätwerk deutliche Spuren hinterlassen, vor allem im *Brief an den Vater* und in dem Romanfragment *Das Schloss*. «Kampf» und «Macht», zwei Begriffe also aus dem Titel der geplanten Zeitschrift, sind jetzt noch dominanter als in früheren Texten Kafkas. Nicht nur thematisiert der Brief den Kampf des Sohnes gegen die patriarchalische Macht des Vaters, er ist selbst ein Instrument dieses Kampfes, wobei der Vater, so wie ihn der Brief schildert, einiges mit dem Vater von Otto Gross gemeinsam hat. Beide waren Sozialdarwinisten fragwürdigster Sorte. Der Strafrechtler hatte sich in diversen Schriften mit Argumenten dafür hervorgetan, biologisch minderwertige und für den Kampf ums Dasein untaugliche Verbrecher um der Gesundheit der Gesellschaft willen in die Kolonien Südwestafrikas zu deportieren. Kafkas Erzählung *In der Strafkolonie*, in den Anfangsmonaten des Ersten Weltkriegs geschrieben, ist ohne die Kenntnis solcher Diskurse und Praktiken nicht angemessen zu verstehen.[26] Franz Kafkas Vater, der in dem Brief die sozialdarwinistischen Tugenden der Stärke und robusten Gesundheit sowohl verkörpert als auch mit Worten vertritt, denkt in ähnlichen Kategorien wie Hans Gross. Der schwächliche Sohn ist in seinen Augen ein zum selbständigen Leben untaugliches Ungeziefer. «Ich gebe zu», so lässt Kafka den Vater am Ende selbst zu Wort kommen, «daß wir miteinander kämpfen, aber es gibt zweierlei Kampf. Den ritterlichen Kampf, wo sich die Kräfte selbständiger Gegner messen [...]. Und den Kampf des Ungeziefers, welches nicht nur sticht, sondern gleich auch zu seiner Lebenserhaltung das Blut saugt.» (N2 215) «Lebensuntüchtig bist Du», so lautet das Urteil des Vaters über den Sohn. Darüber hinaus ist er lungenkrank – wie jener Angestellte des Vaters, über den dieser einmal sagte: «Er soll krepieren, der kranke Hund!» (N2 173) Abgesehen davon verkehrt der Sohn, wie auch Otto Gross, mit «verrückten Freunden» und befasst sich mit «überspannten Ideen». (N2 144) In ähnlichem Ton hatte Hans Gross in seinen Schriften zur Charakterisierung der entarteten und daher zu deportierenden Außenseiter der Gesellschaft über «sexuell Perverse», «Ewigunzufriedene», «Umstürzler», «Professionsspieler», «Geisteskranke» und dergleichen geschrieben, über einen sozialen Typus also, mit dem man in expressionistischen Kreisen sympathisierte.

Zur Debatte steht in Franz Kafkas scheinbar privater Auseinandersetzung mit dem übermächtigen Vater jener Sozialdarwinismus, der damals zur universalen Rechtfertigungsideologie sozialer und politischer Machtkämpfe geworden war und im Namen des evolutionären Fortschritts das vitale Recht des Stärkeren im «Kampf ums Dasein» verfocht. Die Machtposition des

Vaters verdankt sich dem Brief nach einem seit der Kindheit geführten Kampf, aus dem er siegreich hervorgegangen ist. «Das was Du Dir erkämpfen mußtest, bekamen wir aus Deiner Hand, aber den Kampf um das äußere Leben, der Dir sofort zugänglich war und der natürlich auch uns nicht erspart bleibt, den müssen wir erst spät, mit Kinderkraft im Mannesalter erkämpfen.» (N2 171)

Die erfolgreich erkämpfte Macht des Vaters reicht über die Familie hinaus, sie ist auch die «Macht eines Chefs» (N2 181) gegenüber den Angestellten seiner Firma. Zusammen mit den familiären Machtstrukturen thematisiert der Brief ökonomische. Und wie in der Darstellung der Familie die zwischenmenschlichen Beziehungen durch wiederkehrende Begriffe wie «Kampf», «Herrschaft» und «Entfremdung» gekennzeichnet sind, so auch in der machtkritischen Schilderung des «Geschäfts» das Verhältnis zwischen Unternehmer und Personal:

«Du nanntest die Angestellten ‹bezahlte Feinde›, das waren sie auch, aber noch ehe sie es geworden waren, schienst Du mir ihr ‹zahlender Feind› zu sein. Dort bekam ich auch die große Lehre, daß Du ungerecht sein konntest; an mir selbst hätte ich es nicht so bald bemerkt, da hatte ich ja zuviel Schuldgefühl angesammelt, das Dir recht gab; aber dort waren nach meiner, später natürlich ein wenig, aber nicht allzusehr korrigierten Kindermeinung fremde Leute, die doch für uns arbeiteten und dafür in fortwährender Angst vor Dir leben mußten. Natürlich übertrieb [!] ich da, undzwar deshalb, weil ich ohne weiters annahm, Du wirkest auf die Leute ebenso schrecklich wie auf mich. Wenn das so gewesen wäre, hätten sie wirklich nicht leben können; da sie aber erwachsene Leute mit meist ausgezeichneten Nerven waren, schüttelten sie das Schimpfen ohne Mühe von sich ab und es schadete Dir schließlich viel mehr als ihnen. Mir aber machte es das Geschäft unleidlich, es erinnerte mich allzusehr an mein Verhältnis zu Dir: Du warst, ganz abgesehen vom Unternehmerinteresse und abgesehen von Deiner Herrschsucht schon als Geschäftsmann allen, die jemals bei Dir gelernt haben, so sehr überlegen, daß Dich keine ihrer Leistungen befriedigen konnte, ähnlich ewig unbefriedigt mußtest Du auch von mir sein. Deshalb gehörte ich notwendig zur Partei des Personals». (N2 173 f.)

Kafka hat in dem Brief die Darstellung seiner Beziehung zum Vater systematisch nach mehreren Problembereichen geordnet, die alle in seinem Werk eine wesentliche Rolle spielen: Erziehung, Geschäft, Judentum, Schriftstellerexistenz, Beruf, Sexualität und Ehe. Es gibt eine Stelle in dem Brief, die dabei ausdrücklich auf die überindividuelle Bedeutung des Dargestellten hinweist. Sie steht in dem Teil, in dem die nur oberflächliche und gleichgültige Beziehung des Vaters zum Judentum angesprochen ist, durch die die Erziehung des Sohnes im Sinne jüdischer Traditionen substanzlos und unglaubwürdig wurde. «Das Ganze ist ja keine vereinzelte Erscheinung», heißt es da, «ähnlich verhielt es sich bei einem großen Teil dieser jüdischen Übergangsgeneration, welche vom verhältnismäßig noch frommen Land in die Städte auswanderte». Der Sohn spricht den Vater «auch in diesem Punkt» von Schuld frei und fordert ihn dazu auf, diese Schuldlosigkeit nicht durch persönliche Umstände, sondern «durch die Zeitverhältnisse» zu begründen. (N2 189)

Weniger um persönliche Umstände als um «Zeitverhältnisse» geht es in diesem Brief auch sonst. Die Zeit, in der er geschrieben wurde, ist die Nachkriegs- und Revolutionszeit. Wenige Monate bevor Kafka seinen Brief schrieb, erschien in der Zeitschrift *Der österreichische Volkswirt* (Mai 1919) ein noch im gleichen Jahr auch separat publizierter Aufsatz mit dem Titel *Zur Psychologie der Revolution: Die vaterlose Gesellschaft*. Der Psychoanalytiker Paul Federn versuchte hier zu zeigen, in welchem Ausmaß das alte obrigkeitsstaatliche Kaiserreich sein psychisches Fundament in dem aus patriarchalischen Familienverhältnissen hervorgehenden «Verlangen nach vaterähnlicher Autorität» hatte und dass der «Sturz des Kaisers» eine Veränderung der traditionellen Familienstruktur nötig machte.[27] Kafkas Brief enthält keine ausdrücklichen Hinweise auf die politischen Konflikte der Zeit, aber schon sein Vokabular bekommt eine eminent politische Dimension, wenn von «geistiger Oberherrschaft» (N2 151), «Ausübung der Herrschaft» (N2 158) oder «Gewalt und Umsturz» (N2 169) die Rede ist. Und wenn es vom Vater heißt: «In Deinem Lehnstuhl regiertest Du die Welt.» (N2 152) Oder: «Du bekamst für mich das Rätselhafte, das alle Tyrannen haben, deren Recht auf ihrer Person, nicht auf dem Denken begründet ist.» (N2 152)

Gewiss, Kafka war kein im konkreten Sinn politischer Autor. Gegenüber den großen politischen Ereignissen seiner Zeit (Weltkrieg und Revolution) zeigte er vielmehr eine befremdliche Ignoranz. Den Beginn des Krieges registrierte er am 2. August 1914 mit der lapidaren Tagebuchnotiz: «Deutschland hat Rußland den Krieg erklärt. – Nachmittag Schwimmschule.» (T 543) Über seine Schreibinteressen notiert er, nicht ohne Selbstkritik, vier Tage später: «Von der Litteratur aus gesehen ist mein Schicksal sehr einfach. Der Sinn für die Darstellung meines traumhaften innern Lebens hat alles andere ins Nebensächliche gerückt, und es ist in einer schrecklichen Weise verkümmert und hört nicht auf zu verkümmern.» (T 546) Es sind vornehmlich Schuld- und Bestrafungsphantasien, die in den literarischen Darstellungen seines inneren Lebens zur Geltung kommen. In der zweiten Augustwoche beginnt er mit der Arbeit am *Prozess*-Roman, im Oktober entsteht die Erzählung *In der Strafkolonie*. Von «Schuld» ist auch im *Brief an den Vater* permanent die Rede. «Ich hatte vor Dir das Selbstvertrauen verloren, dafür ein grenzenloses Schuldbewußtsein eingetauscht. (In Erinnerung an diese Grenzenlosigkeit schrieb ich von jemandem einmal richtig: ‹Er fürchtet, die Scham werde ihn noch überleben.›)» (N2 184) Das (ungenaue) Selbstzitat ist dem Ende des *Prozess*-Romans entnommen, in dem Josef K. sich bereitwillig hinrichten lässt. Der Brief liefert freilich für diesen Roman keine biographischen Erklärungen, sondern greift selbst auf dessen literarische Gerichtsmetaphorik zurück: Von dem «schrecklichen Prozeß» spricht er, «der zwischen uns und Dir schwebt», von einen «Prozeß, in dem Du immerfort Richter zu sein behauptest». (N2 181) Der Brief vermittelt eine sehr klare Erkenntnis darüber, dass das grenzenlose Schuldbewusstsein des Sohnes (wie auch seine Angst) das Resultat der (mit Otto Gross formuliert) «ins eigene Innere eingedrungenen Autorität» des Vaters ist, dass der Kampf mit dem Vater sich im Inneren als Kampf «des Eigenen und des

Fremden» fortsetzt: «Zwischen uns war es kein eigentlicher Kampf; ich war bald erledigt; was übrigblieb war [...] innerer Kampf.» (N2 179) Mit einer ungemein subtil gehandhabten literarischen Technik führt der Brief am Ende diesen Prozess der Verinnerlichung väterlicher Macht noch einmal vor. Er lässt den Vater eine mögliche Antwort auf den Brief formulieren, die im «Vorwurf der Unaufrichtigkeit, der Liebedienerei, des Schmarotzertums» gipfelt. «Wenn ich nicht sehr irre, schmarotzest Du an mir auch noch mit diesem Brief als solchem.» (N2 216) Doch diese Vorwürfe artikuliert nicht ein realer Vater, sondern der imaginäre Vater im Kopf des Sohnes; es sind somit Selbstvorwürfe. Der Brief sagt es ausdrücklich. Auf die erdachten Einwände des Vaters gegen den Brief antwortet der Sohn: «Darauf antworte ich, daß zunächst dieser ganze Einwurf [...] nicht von Dir stammt, sondern eben von mir. So groß ist ja nicht einmal Dein Mißtrauen gegen andere, wie mein Selbstmißtrauen, zu dem Du mich erzogen hast. Eine gewisse Berechtigung des Einwurfes [...] leugne ich nicht.» (N2 216 f.)

«Es ist allgemeine Mobilisierung», notiert Kafka am 31. Juli 1914 ins Tagebuch und definiert am Ende der Eintragung sein Schreiben als «Kampf um die Selbsterhaltung». (T 543) Ein paar Tage nach Beginn der Arbeit am *Prozess*-Roman konstatiert er (am 15. August) erleichtert: «Ich kann wieder ein Zwiegespräch mit mir führen». (T 549) Wie der Roman ist später der Brief ein mit dem Vater ausgefochtener Kampf um Selbstbehauptung und ein inneres Zwiegespräch mit ihm, eine Art Gerichtsverfahren schließlich auch, bei dem, in einer Zeit eskalierender Klassen-, Rassen- und Konkurrenzkämpfe, über die Schuld an dem Kampf verhandelt wird, zu dem die Familienbeziehungen pervertiert sind. Der Briefschreiber tritt als ein von «unaufhörlichen Vorwürfen» des Vaters Angeklagter auf, als Verteidiger der eigenen Person und als ein Autor, der zumindest im Schreiben die Kraft findet, seinerseits dem Vater als Ankläger und Richter gegenüberzutreten. Die Anklagen gegen den Vater sind vehement, die aufgrund überscharfer Beobachtungen gefundenen Beweise für seine Schwächen, Widersprüche und «Lächerlichkeiten» demontieren seine Autorität erheblich. Dass er

7. Kämpfe um Macht: Söhne und Väter 41

sich selbst nicht an die Gebote hielt, die er dem Sohn auferlegte (N2 166), ist nur ein Beispiel für seine illegitime Machtanmaßung. Dass er mit seiner Macht die andersartige Individualität des Sohnes (übrigens auch der Töchter) nicht förderte oder zumindest respektierte, sondern unterdrückte, ist der Hauptpunkt der Anklage, mit dem alle anderen zusammengefasst sind: «Ich hätte ein wenig Aufmunterung, ein wenig Freundlichkeit, ein wenig Offenhalten meines Wegs gebraucht, statt dessen verstelltest Du ihn mir, in der guten Absicht freilich, daß ich einen andern Weg gehen sollte. Aber dazu taugte ich nicht.» (N2 150) Die Folgen dieser Ignoranz gegenüber seinem «eigentlichen Dasein» (N2 193) beschreibt der Brief unter anderem so: «Ich verlor das Vertrauen zu eignem Tun. Ich war unbeständig, zweifelhaft. Je älter ich wurde, desto größer war das Material, das Du mir zum Beweis meiner Wertlosigkeit entgegenhalten konntest, allmählich bekamst Du in gewisser Hinsicht wirklich recht. Wieder hüte ich mich zu behaupten, daß ich nur durch Dich so wurde; Du verstärktest nur, was war, aber Du verstärktest es sehr, weil Du eben mir gegenüber sehr mächtig warst und alle Macht dazu verwendetest.» (N2 161 f.)

Trotz solcher Anschuldigungen zielt der mit dem Brief inszenierte Prozess von Beginn an auf einen Vergleich, auf ein Friedensangebot im Kleinkrieg eines sozialen Mikroorganismus. Der Vater hat die gestörten Familienbeziehungen «mitverursacht [...], aber ohne Schuld.» Der Sohn exkulpiert den Vater und will seinerseits von ihm freigesprochen werden «auch ich glaube, Du seist gänzlich schuldlos an unserer Entfremdung. Aber ebenso gänzlich schuldlos bin auch ich. Könnte ich Dich dazu bringen, daß Du das anerkennst, dann wäre – nicht etwa ein neues Leben möglich, dazu sind wir beide viel zu alt, aber doch eine Art Friede, kein Aufhören, aber doch ein Mildern Deiner unaufhörlichen Vorwürfe.» (N2 144 f.) Was der Brief als sein Ziel angibt, eine «Art Friede» unter den Kämpfenden, beschreibt er noch zwei weitere Male: einmal als unerreichbare Utopie (N2 145) und am Ende als mögliches Resultat eines literarischen Erkenntnisgewinns. Mit dem Brief sei, so heißt es abschließend in versöhnlichem Ton, «meiner Meinung nach doch etwas der Wahrheit so sehr Angenähertes erreicht, daß es uns beide ein wenig beruhigen und Leben und Sterben leichter machen kann.» (N2 217)

II. Kindheit und Jugend im literarischen Rückblick

1. Fakten

Am 3. Juli 1883 wurde Franz Kafka als erstes Kind des jüdischen Kaufmanns Hermann Kafka und seiner Frau Julie, geb. Löwy, in Prag geboren. Den Vornamen Franz erhielt er zu Ehren des Kaisers. 1885, als Franz Kafka etwa zwei Jahre alt war, bekam er einen Bruder namens Georg. Der starb fünfzehn Monate nach der Geburt. 1887 kam der zweite Bruder Heinrich zur Welt. Er starb sechs Monate nach der Geburt. Es folgten drei lebenskräftigere Schwestern: Gabriele, genannt Elli, geboren 1889, als der ältere Bruder sechs Jahre alt war; Valerie, genannt Valli, ein Jahr später geboren; und Ottilie, genannt Ottla, 1892 geboren. Sowohl die Eltern als auch die drei Schwestern haben Franz Kafka überlebt.

Der Vater war bei der Geburt seines ersten Sohnes 31 Jahre alt. Er stammte aus einem kleinen Dorf in Südböhmen mit etwa hundert Einwohnern, hatte selbst eine entbehrungsreiche Kindheit in höchst ärmlichen Verhältnissen, ließ sich 1881, nach einem unsteten, doch durchaus erfolgreichen Leben als hausierender Wanderhändler, in Prag nieder und arbeitete sich mit kämpferischer Energie in den deutsch-jüdischen Mittelstand Prags empor. Zum sozialen Aufstieg verhalf ihm nicht zuletzt die 1882 geschlossene Ehe mit Julie Löwy. Sie war ihm standesmäßig überlegen, brachte einiges Geld mit in die Ehe und half damit ihrem Mann, ein bald florierendes Galanterie- und Modewarengeschäft in der Prager Altstadt zu eröffnen.

Die Mutter stammte aus einer angesehenen assimilierten deutsch-jüdischen Tuchhändler- und Brauereifamilie. Diese Familie war nicht nur weitaus wohlhabender, sondern auch von deutlich höherem Bildungsniveau als die Familie des Vaters. Von dessen angestrengtem Bemühen um sozialen Aufstieg und gesellschaftliches Prestige zeugen nicht zuletzt die häufigen Wohnungswechsel in Prag von schlechteren in bessere Gegenden und Häuser. Als der sechsjährige Franz Kafka im September 1889 eingeschult wurde, war er mit den Eltern bereits fünfmal umgezogen. Dass der Vater für ihn eine deutsche Volksschule wählte, entsprach seinem Aufstiegswillen, den er auch auf seinen einzigen Sohn übertrug. Zur Verbesserung seiner Sozialchancen musste ein Jude in Österreich die Staatssprache der Monarchie beherrschen. Die Oberschicht in Prag bestand aus Deutschen. Etwa 90 Prozent der Einwohner, deren Anzahl zwischen 1880 und 1910 von etwa 260 000 auf 440 000 anwuchs, waren Tschechen; regiert jedoch von Deutschen. Aus Deutschen und Juden setzten sich die restlichen 10 Prozent zusammen. Die jüdische Minderheit musste sich gegenüber zwei Seiten gleichzeitig behaupten: gegenüber der tschechischen Mehrheit und der deutschen Übermacht. Die Hälfte der Prager Juden bekannte sich zum Tschechischen als Hauptsprache, die andere Hälfte erklärte sich dem deutschen Kulturbereich zugehörig. Die Assimilation an die Deutschen bot dem aufstrebenden jüdischen Mittelstand bessere Möglichkeiten zum Aufstieg in die führende Schicht der Großkaufleute, des Finanz- und Versicherungswesens und der freien Berufe. Um 1900 wurden 90 Prozent der jüdischen Studenten in Prag deutschsprachig ausgebildet.[28]

Die ethnischen und sozialen Spannungen in der von drei Kulturen durchmischten Stadt waren enorm. Neben der «Deutschen Knabenschule» am Fleischmarkt, die Kafka von 1889 bis 1893 besuchte, lag eine tschechische Volksschule mit der Inschrift «Ein tschechisches Kind gehört in die tschechische Schule». Die Verteidigung der eigenen Sprache stand im emotionalen Zentrum des damaligen Kampfes um die jeweils eigene ethnische und kulturelle Identität, eines Kampfes, der schon unter Schülern ausgefochten wurde. Bei den häufigen Prügeleien zwischen den Schülern der beiden Nationalitäten verlor Kafkas späterer Freund Oskar Baum sein Augenlicht.

Kafka war in den ersten vier Schuljahren (in denen seine drei Schwestern geboren wurden) ein guter und auch bei den Gleichaltrigen beliebter Schüler. Nach dem Bestehen der Aufnahmeprüfung ins Gymnasium besuchte er (ab September 1893) das «Staatsgymnasium mit deutscher Unterrichtssprache in Prag Altstadt». Kafka war in diesem Gymnasium mit besonders hohen Leistungsanforderungen ein durchschnittlicher Schüler. Erhebliche Schwierigkeiten bereitete ihm nur das Fach Mathematik. Im Sommer 1901, im Alter von 18 Jahren, bestand er die Reifeprüfung. Zwei seiner Mitschüler behaupteten später, dass sie den Hausbesorger des Griechischlehrers bestochen und so vorzeitig Einsicht in die Prüfungstexte bekommen hätten und dass Kafka an dieser Aktion beteiligt gewesen sei. Kafka selbst meinte später, er habe das Abitur «zum Teil nur durch Schwindel» bestanden. (N2 197) Doch solche Erinnerungen gehören schon zu den Selbststilisierungen, die den Rückblicken des Erwachsenen auf seine Kindheit und Jugend durchwegs anhaften.

2. Kindheit und Jugend in der Autobiographik des Erwachsenen

Schriftstellerbiographien stehen unter Erklärungsdruck. Sie sind oft angestrengt darum bemüht, Späteres aus Früherem abzuleiten, so auch das literarische Werk des erwachsenen Autors aus der lebensgeschichtlichen Situation des Kindes und des Jugendlichen. Die Kafka-Biographik bleibt dabei weitgehend auf die Selbstaussagen des Dichters angewiesen. Das unabhängig von ihnen gewonnene Wissen über Kafkas Kindheit und Jugend liefert nur wenige Ansatzpunkte zur Erklärung seines Werkes. So hat man zum Beispiel gerne auf das Prager Lokalkolorit hingewiesen, das mit dem Gassengewirr der Altstadt, den Türmen, Brücken, winkligen Ecken der Hinterhöfe, den vielen Toren und der Dunkelheit von Durchgängen die dargestellte Welt in Kafkas Werken atmosphärisch geprägt habe. Oder auf die prekäre Situation der Juden, die, von den tschechischen Nationalisten als Deutsche befehdet und von den Deutschen als Juden ausgegrenzt, vom Zugang zu den höheren Machtpositionen der Gesellschaft durch bürokratische Verordnungen ferngehalten wurden. Oder auf die große Bedeutung der Familie, die zur Isolation der Juden im Privatleben (nicht im Geschäftsleben) ein integratives Gegengewicht bildete.

Ziemlich detaillierte Kenntnisse hat die Literaturwissenschaft, vor allem dank der Arbeiten von Klaus Wagenbach und Hartmut Binder, über Kafkas Schulzeit gesammelt, über mögliche Prägungen durch Freunde und Lehrer. Man weiß beispielsweise von Kafkas frühen Auseinandersetzungen mit zwei damals einflussreichen und einander zum Teil entgegengesetzten Bewegungen: dem Zionismus und dem Sozialismus. Kafka scheint sich im Gymnasium gegen den Zionismus seines Schulfreundes Hugo Bergmann entschieden und dem Sozialismus zugewandt zu haben. Seine Reserviertheit gegenüber dem Zionismus hielt lange an, trübte später zeitweilig auch sein freundschaftliches Verhältnis zu Max Brod und schlug erst in den letzten acht Jahren seines Lebens in ungeteilte Sympathie um. Man weiß unter anderem auch von einem die Schüler offensichtlich beeindruckenden Lehrer der Naturwissenschaften, durch den Kafka vermutlich intensiver mit dem Darwinismus und auch mit dem Positivismus des in Prag lehrenden Ernst Mach in Berührung kam. Eine in den letzten Schuljahren wichtige Orientierungsfigur hatte Kafka in dem Freund Oskar Pollak. Durch ihn wurde er Abonnent der bürgerlich-konservativen Zeitschrift *Der Kunstwart*. In diese Zeit fällt auch die nähere Auseinandersetzung mit Nietzsche.

Hauptquelle zur biographischen Rekonstruktion von Kafkas Kindheit und Jugend sind die vielen Tagebuch- und Briefstellen, in denen er sich selbst dazu geäußert hat. Aus ihnen indes biographische Erklärungen seines späteren Werkes abzuleiten, ist aus mehreren Gründen hoch problematisch. Dafür zwei repräsentative Beispiele: Im *Brief an den Vater* steht eine Passage, die immer wieder als Beleg für ein traumatisches Kindheitserlebnis genommen und zur psychologischen Erklärung charakteristischer Merkmale seiner Erzähltexte verwendet wurde. Kafka schildert hier die Erinnerung «an einen Vorfall aus den ersten Jahren» so: «Ich winselte einmal in der Nacht immerfort um

Wasser, gewiß nicht aus Durst, sondern wahrscheinlich teils um zu ärgern, teils um mich zu unterhalten. Nachdem einige starke Drohungen nicht geholfen hatten, nahmst Du mich aus dem Bett, trugst mich auf die Pawlatsche [Balkon] und ließest mich dort allein vor der geschlossenen Tür ein Weilchen im Hemd stehn. [...] Ich war damals nachher wohl schon folgsam, aber ich hatte einen inneren Schaden davon. [...] Noch nach Jahren litt ich unter der quälenden Vorstellung, daß der riesige Mann, mein Vater, die letzte Instanz, fast ohne Grund kommen und mich in der Nacht aus dem Bett auf die Pawlatsche tragen konnte und daß ich also ein solches Nichts für ihn war.» (N2 149) Ein wichtiger Kommentar zu Kafkas Erzählungen zieht aus der Passage den Schluss: «Man kann annehmen, daß das Motiv des Ein- und Ausgesperrtseins, das im Zentrum des ‹Verschollenen› und der ‹Verwandlung› steht, letztlich in diesem Ereignis oder ähnlich gelagerten Vorgängen der Biographie Kafkas gründet.»[29] Man könnte jedoch genauso annehmen, dass die Darstellung der Kindheitsszene durch den erwachsenen Kafka in dem gründet, was der Autor der Romane und Erzählungen an Motiven und Bildern entwickelt hat. Der gewaltige Größenunterschied zwischen der Herrschaftsinstanz und dem Abhängigen, die Tür als räumliches Bild für das Ausgeschlossensein aus dem Territorium der Macht, die metaphorische Darstellung erniedrigter, machtloser Menschen durch Tiere, die in der Formulierung «Ich winselte» (wie ein Hund) anklingt, und das Nahrungsmotiv sind feste Bestandteile in Kafkas erzählendem Werk. Ihre Präsenz in dem Brief liefert keine Erklärung dieses Werks, sondern ist ein gutes Beispiel dafür, wie stark Kafkas Autobiographik literarisiert ist. Er hat seine Erinnerungen in deutlichen Analogien zu seinem Werk aufgeschrieben. Die Kindheitserinnerungen sind eine literarische Konstruktion erinnerter Wirklichkeit, die gleichen Mustern der Veranschaulichung folgt wie *Die Verwandlung*, *Der Prozess* oder *Das Schloss*.

Ähnlich zirkulär wie das Unterfangen, literarische Eigenarten des erwachsenen Autors aus seinen literarisierten Kindheitserinnerungen zu erklären, ist der Versuch, die mit psychoanalytischem Wissen verfasste Autobiographik zur Grundlage psycho-

2. Kindheit und Jugend in der Autobiographik des Erwachsenen 47

analytischer Erklärungen zu machen. Für Kafka waren die Erinnerungen an Kindheit und Jugend Bestandteile seiner unablässigen Selbstdarstellungen und Selbstreflexionen – in Übereinstimmung mit dem psychoanalytischen Prozess, den Freud mit drei Begriffen auf eine knappe Formel brachte: «Erinnern, Wiederholen, Durcharbeiten». Und auch die Art und die Inhalte seiner Erinnerungen waren präformiert durch psychoanalytisches Wissen. So sind denn auch unschwer im *Brief an den Vater* Konstellationen eines ödipalen Konfliktes zu entdecken. Der Brief beschreibt nicht nur den Kampf des Sohnes mit dem Vater, sondern auch das Verlangen nach einer unerreichbaren, sich ihm entziehenden Mutter. Das Begehren des Sohnes nach der Mutter wird durch deren Hingabe an den Vater blockiert: «Zu sehr liebte sie Dich und war Dir zu sehr treu ergeben, als daß sie in dem Kampf des Kindes eine selbständige geistige Macht für die Dauer hätte sein können.» (N2 175) Man hat vermutet, der *Brief an den Vater* sei in Wahrheit an die Mutter gerichtet und habe daher den richtigen Adressaten durchaus erreicht (nicht den Vater, aber die Mutter und die Lieblingsschwester Ottla hat Kafka den Brief lesen lassen). Das ist sicher übertrieben, doch dass der Brief auch von dem (unerfüllten) Wunsch handelt, die Mutter im Kampf gegen den Vater für sich zu gewinnen, und dass seine Anklagen auch gegen die Mutter gewendet werden, steht außer Frage. Der Brief scheint somit zumindest nicht ausschließlich an den Vater adressiert zu sein. Der ödipale Konfliktstoff ist freilich in dem Brief nicht etwas Verborgenes, das erst eine psychoanalytische Deutung ans Licht des Bewusstseins bringen müsste, sondern er ist schon vom Briefschreiber selbst bewusst beschrieben worden.

Die Mutter behandelt der Brief im übrigen durchaus ähnlich wie den Vater. Er greift sie an, entschuldigt sie zugleich und zeigt Verständnis für ihre Situation. Der Brief weist ihr, darin gleicht sie vielen Frauenfiguren in Kafkas Werk, eine prekäre «Zwischenstellung» in der familiären Machthierarchie zu und beschreibt an ihrem Beispiel eine besonders subtile Form machtvoller Unterdrückung von Eigenständigkeit, die Kafka immer wieder, auch in seinen Erzählungen und Romanen, dargestellt hat: eine Unterdrückung, die mit Demonstrationen von Güte und Liebe einhergeht und dadurch jede Rebellion besonders schwer macht: «Die Mutter hatte unbewußt die Rolle eines Treibers in der Jagd. Wenn schon Deine Erziehung in irgendeinem unwahrscheinlichen Fall mich durch Erzeugung von Trotz, Abneigung oder gar Haß auf eigene Füße hätte stellen können, so glich das die Mutter durch Gut-sein, durch vernünftige Rede (sie war im Wirrwarr der Kindheit das Urbild der Vernunft), durch Fürbitte wieder aus, und ich war in Deinen Kreis zurückgetrieben, aus dem ich sonst vielleicht, Dir und mir zum Vorteil ausgebrochen wäre.» (N2 167)

In der eigenen Erinnerung stellen sich Kafkas frühe Jahre als das Drama eines begabten Kindes dar, das durch die Erziehung der Eltern, Lehrer und anderer Autoritäten systematisch an der Entwicklung eines eigenen Selbstbewusstseins gehindert und psychisch regelrecht deformiert wurde. In einer mehrfach variierten Tagebucheintragung von 1910 will die (wieder in komische Übertreibung umkippende) Aufzählung derer, die seiner «Erziehung in manchem sehr geschadet» haben, kein Ende nehmen: «Dieser Vorwurf trifft eine Menge Leute [...]. Es sind da meine Eltern, einige Verwandte einige Lehrer, eine ganz bestimmte Köchin, einige Mädchen aus Tanzstunden, einige Besucher unseres Hauses aus früherer Zeit, einige Schriftsteller, ein Schwimmeister, ein Billeteur, ein Schulinspektor, dann einige, denen ich nur einmal auf der Gasse begegnet bin und andere, an die ich mich gerade nicht erinnern kann, und solche, an die ich mich niemals mehr erinnern werde, und solche endlich, deren Unterricht ich irgendwie damals abgelenkt überhaupt nicht bemerkt habe, kurz es sind soviele daß man achtgeben muß, einen nicht zweimal zu nennen.» (T 18 f.)

Liest man Kafkas verstreute Äußerungen über seine Kindheit und Jugend, weiß man nie recht, über wen man mehr erfährt: über das Kind und den Jugendlichen oder über den sich erinnernden Erwachsenen. Jedenfalls klingen selbst in Mitteilungen, die sich auf Informationen bloßer Fakten zu beschränken scheinen, Motive durch, die zu der Vermutung Anlass geben, der Autor habe das Erinnerte so ausgewählt und dargestellt, dass es

2. Kindheit und Jugend in der Autobiographik des Erwachsenen 49

sich in seine literarischen Vorlieben für bestimmte, stets wiederkehrende Problem- und Personenkonstellationen einpasst. Im Dezember 1912 berichtete er Felice Bauer in einem Brief, in dem er sich «ein trübsinniges Musterbeispiel» eines Erstgeborenen nennt, folgendes über seine ersten Kindheitsjahre: «Ich bin der älteste von sechs Geschwistern, zwei Brüder, etwas jünger als ich, starben als kleine Kinder durch Schuld der Ärzte, dann war eine Zeitlang still, ich war das einzige Kind, bis dann nach 4, 5 Jahren, die drei Schwestern durch 1 beziehungsweise durch 2 Jahre getrennt anmarschierten. So habe ich sehr lange allein gelebt und mich mit Ammen, alten Kindermädchen, bissigen Köchinnen, traurigen Gouvernanten herumgeschlagen, denn meine Eltern waren doch immerfort im Geschäft.» (Br1 345) Alleinsein und Abwesenheit der höchsten Autoritäten, die sich durch recht dubiose und dabei doch machtvolle Existenzen vertreten lassen, das ist die Situation des hier geschilderten Kindes und der «Helden» in Kafkas Werken gleichermaßen.

Deutlicher erkennbar noch sind solche Parallelitäten in einer Briefpassage, in der Kafka über seinen Schulweg berichtet und die sich dabei zu einer literarischen Prosaminiatur verselbständigt. Es lohnt sich, diesen Brief an Milena (vom 21. Juni 1920) in längeren Auszügen zu zitieren und ein wenig zu kommentieren. Denn in ihm erweist sich Kafka erneut als jener «Experte der Macht», der ihre Mechanismen mit mikroskopischem Blick auch in unscheinbaren Details darzustellen versteht. Dass «Scherz und Ernst» in dieser kleinen Geschichte nicht leicht zu unterscheiden seien, kündigt Kafka selbst zuvor an und spricht dabei von «Mikroskopaugen», die man in der Betrachtung von Menschen bekomme, «die so bedeutend sind, daß das eigene Leben von ihnen abhängt». Einer dieser Menschen, eine Delegierte elterlicher Macht, war jene Köchin, die den Sechsjährigen morgens in die Schule führte: «eine kleine trockene magere spitznäsige» Person, «wangenhohl, gelblich, aber fest, energisch und überlegen». Ein Jahr lang wiederholte sich jeden Morgen das Gleiche: «Beim Aus-dem-Haus-treten sagte die Köchin, sie werde dem Lehrer erzählen, wie unartig ich zuhause gewesen bin. Nun war ich ja wahrscheinlich nicht sehr unartig, aber doch trotzig, nichtsnutzig, traurig, böse und es hätte sich durchaus wahrscheinlich immer etwas Hübsches für den Lehrer zusammenstellen lassen. Das wußte ich und nahm also die Drohung der Köchin nicht leicht. Doch glaubte ich zunächst, daß der Weg in die Schule ungeheuer lang sei, daß da noch vieles geschehen könne [...] auch war ich, wenigstens noch auf dem Altstädter Ring, sehr im Zweifel, ob die Köchin, die zwar Respektsperson, aber doch nur eine häusliche war, mit der Welt-Respekts-Person des Lehrers überhaupt zu sprechen wagen würde. Vielleicht sagte ich auch etwas derartiges, dann antwortete die Köchin gewöhnlich kurz mit ihren schmalen unbarmherzigen Lippen, ich müsse es ja nicht glauben, aber sagen werde sie es. Etwa in der Gegend des Eingangs zur Fleischmarktgasse [...] bekam die Furcht vor der Drohung das Übergewicht. Nun war ja die Schule schon an und für sich ein Schrecken und jetzt wollte es mir die Köchin noch so erschweren. Ich fieng zu bitten an, sie schüttelte den Kopf, je mehr ich bat, desto wertvoller erschien mir das, um was ich bat, desto größer die Gefahr, ich blieb stehn und bat um Verzeihung, sie zog mich fort, ich drohte ihr mit der Vergeltung durch die Eltern, sie lachte, *hier* war sie allmächtig, ich hielt mich an den Geschäftsportalen, an den Ecksteinen fest, ich wollte nicht weiter, ehe sie mir nicht verziehen hatte, ich riß sie am Rock zurück (leicht hatte sie es auch nicht) aber sie schleppte mich weiter unter der Versicherung auch dieses noch dem Lehrer zu erzählen, es wurde spät, es schlug 8 von der Jakobskirche, man hörte die Schulglocken, andere Kinder fiengen zu laufen an, vor dem Zuspätkommen hatte ich immer die größte Angst, jetzt mußten auch wir laufen und immerfort die Überlegung: ‹sie wird es sagen, sie wird es nicht sagen› – nun sie sagte es nicht, niemals, aber immer hatte sie die Möglichkeit und sogar eine scheinbar steigende Möglichkeit (gestern habe ich es nicht gesagt, aber heute werde ich es ganz bestimmt sagen) und die ließ sie niemals los.» (BrM 71 f.) Eine kleine Machtmaschinerie ist hier skizziert, in der die «allmächtige» Köchin eine zwar wichtige, verglichen mit der «Welt-Respekts-Person des Lehrers» und den Eltern jedoch nur untergeordnete Instanz ist, eine einschüchternde Überwachungs- und

2. Kindheit und Jugend in der Autobiographik des Erwachsenen

Disziplinierungsmaschinerie, die auch mit der anonymen Zeichenhaftigkeit von Kirchturm, Glocke und Zeitanzeige allgegenwärtig ist, die mit der ständig präsenten Möglichkeit der Bestrafung mehr «Furcht» und «Schrecken» hervorzurufen vermag als durch Strafe selbst, in der schon geringfügige Normabweichungen zur Schuld werden, für die man «um Verzeihung» bitten muss, und in der Ansätze zum Widerstand die Schuld vergrößern und die Strafandrohungen verschärfen.

Was Kafka befähigte, den *Prozess* zu schreiben, so meinte die Schweizer Psychoanalytikerin Alice Miller in einer Studie über den Autor, «wurzelt wohl in den frühen Erlebnissen des Kindes, die den oben geschilderten Szenen auf dem Schulweg ähnelten.»[30] Das klingt überzeugend, verkennt jedoch wiederum die repräsentative Bedeutung solcher Schilderungen. Sie erklären nicht, sondern sie liefern autobiographisches Anschauungsmaterial für das Funktionieren eines gesellschaftlichen Disziplinierungsprozesses, der nicht als bloß individuelles Kindheitsschicksal begriffen sein will. Beispiele für diesen Prozess hat Kafka vor allem auch im Rückblick auf die Schulzeit beschrieben, insbesondere in Erinnerungen an Prüfungen, ein Disziplinierungsinstrument und Machtritual par excellence. Da ist der Professor in der Rechenstunde, der «oben» (dort ist Macht bei Kafka immer im wörtlichen Sinn lokalisiert) in seinem Notizbuch blättert und den Namen des Schülers sucht, während der potentielle Prüfling im Vergleich «mit diesem Anblick von Kraft, Schrecken und Wirklichkeit» bei sich selbst ein «unfaßbares Nichts von Kenntnissen» feststellt und, «halb träumend vor Angst», die Flucht ins Freie (auch in das «bequeme» Sterben) herbeiwünscht. (BrM 146) Oder da ist, zumindest in der Angstphantasie, «die schreckliche Versammlung der Professoren [...], wie sie, wenn ich die Prima überstanden hatte, also in der Sekunda, wenn ich diese überstanden hatte, also in der Tertia u. s. w. zusammenkommen würden, um diesen einzigartigen, himmelschreienden Fall zu untersuchen, wie es mir, dem Unfähigsten und jedenfalls Unwissendsten gelungen war, mich bis hinauf in diese Klasse zu schleichen». (N2 196 f.) So geht es weiter, bis zur Reifeprüfung, und weiter, bis zum juristischen Examen.

Es ist aufschlussreich, dass Kafkas Mitteilungen über eigene Kindheits- und Jugenderfahrungen oft im Rahmen (anti)pädagogischer Interessen allgemeinerer Art stehen. Das wichtigste Thema der im Herbst 1916 geschriebenen Briefe an Felice Bauer ist das «Jüdische Volksheim» für Flüchtlingskinder, in dem Felice in ihrer Freizeit arbeitete. Kafka nimmt sehr regen Anteil an dieser Arbeit, will aus Berlin genau informiert werden, liest pädagogische Schriften, übt Kritik, gibt Ratschläge. Es geht auch um die literarische Erziehung der Kinder. Dass Felice mit den Mädchen die Lektüre der *Minna von Barnhelm* fortführen muss, nennt er eine «schwere Erbschaft» (Br3 241). Denn: «In das ihnen ganz und gar Unbegreifliche soll man Kinder nicht treiben.» Als Beleg für diesen allgemeinen pädagogischen Grundsatz folgt eine Jugenderinnerung: «Ich denke dabei an einen Professor, der während der Lesung der Ilias oft sagte: ‹Sehr schade, daß man das mit Euch lesen muß. Ihr könnt es ja nicht verstehn, selbst wenn Ihr glaubt daß Ihr es versteht, versteht Ihr es gar nicht. Man muß viel erfahren haben, ehe man auch nur einen Zipfel davon versteht.› – Diese Bemerkungen (der ganze Mann war allerdings auf diesen Ton eingestellt) haben damals auf mich kalten Jungen mehr Eindruck gemacht als Ilias und Odyssee zusammen. Vielleicht einen allzu demütigenden aber doch wesenhaften wenigstens.» (Br3 251) Wieder gibt dieses autobiographische Bruchstück ein Beispiel für die «demütigende» Demonstration von Macht, zeigt, wie Bildung als Herrschaftswissen missbraucht wird, und berührt einmal mehr, nicht nur in der Gegenüberstellung von Autorität und Abhängigkeit, das ständig wiederkehrende Thema in Kafkas erzählendem Werk: das Verstehen beziehungsweise Nichtverstehen. Ohnmacht und Abhängigkeit stellen sich in der Konfrontation mit schriftlichen Traditionen her, die nicht mehr durch ihre inhaltliche Substanz, sondern durch ihre die gelehrte Auslegung herausfordernde Unverständlichkeit Autorität bewahren.

Dass dieses Beispiel in den Kontexten pädagogischer Überlegungen steht, ist symptomatisch für die herausragende Bedeutung, die das Thema «Erziehung» in Kafkas Macht- und Abhängigkeitsdarstellungen hat.

3. Erziehungsprozesse:
Der Verschollene, Ein Bericht für eine Akademie

Aus der Zeit des beginnenden Interesses für das Jüdische Volksheim, dem August 1916, stammt eine längere Aufzeichnung (N2 7 f.), die, wie ein vorzüglicher Kenner Kafkas mit Recht gesagt hat, «zu den wichtigsten Texten Kafkaschen Selbstverständnisses»[31] gehört. «Jeder Mensch ist eigentümlich und kraft seiner Eigentümlichkeit berufen zu wirken, er muß aber an seiner Eigentümlichkeit Geschmack finden. Soweit ich es erfahren habe, arbeitet man sowohl in der Schule als auch zuhause darauf hin die Eigentümlichkeit zu verwischen. Man erleichtert dadurch die Arbeit der Erziehung, erleichtert aber auch dem Kinde das Leben, allerdings mußte es vorher den Schmerz durchkosten, den der Zwang hervorrief.» Was damit gemeint ist, veranschaulicht ein «Beispiel», ein autobiographisches wiederum: die jugendliche «Lust zum Lesen» in der Nacht, wenn es die Eltern verbieten. Der lästigen Bitte des Kindes, weiterlesen zu dürfen, folgt der Entschluss, es «auch ohne Erlaubnis» zu tun. «Das war meine Eigentümlichkeit.» Ihre Unterdrückung berief sich auf allgemein geltende Normen: «Man unterdrückte sie dadurch, daß man das Gas abdrehte und mich ohne Licht ließ; zur Erklärung sagte man: Alle gehen schlafen, also mußt auch du schlafen gehen.» Aus der als «Unrecht» empfundenen Unterdrückung «entwickelten sich die Anfänge des Hasses, der mein Leben in der Familie und von da aus mein ganzes Leben in einer gewissen Hinsicht bestimmt. Das Verbot des Lesens ist zwar nur ein Beispiel, aber ein bezeichnendes, denn dieses Verbot wirkte tief. Man erkannte meine Eigentümlichkeit nicht an; da ich sie aber fühlte, mußte ich – darin sehr empfindlich und immer auf der Lauer – in diesem Verhalten mir gegenüber ein Aburteilen erkennen. Wenn man aber schon diese offen zur Schau gestellte Eigentümlichkeit verurteilte, um wieviel schlimmer mußten die Eigentümlichkeiten sein, die ich aus dem Grunde verborgen hielt, weil ich selbst ein kleines Unrecht in ihnen erkannte.» Was folgt, beschreibt genau jenen Prozess der Verinnerlichung einer zunächst äußeren, ichfremden Autorität, den Otto Gross als

Verwandlung des «Konflikts zwischen dem Individuum und der Allgemeinheit» zum «Konflikt des Eigenen und des Fremden» im Inneren des Subjekts selbst, zwischen den individuellen Bedürfnissen einerseits und dem «Anerzogenen und Aufgezwungenen» andererseits, beschrieben hat. (s. o. S. 35) «Die Hauptsache aber war», so heißt es bei Kafka, «daß ich die Verurteilung, die meine Eigentümlichkeit des langen Lesens erfahren hatte, nun mit eigenen Mitteln auf die verborgen gehaltene Eigentümlichkeit der Pflichtversäumnis weiterführte und dadurch zu dem niederdrückendsten Ergebnis kam. Es war so, wie wenn jemand mit einer Rute, die keinen Schmerz verursachen soll, nur zur Warnung berührt wird, er aber nimmt das Flechtwerk auseinander, zieht die einzelnen Rutenspitzen in sich und beginnt nach eigenem Plan sein Inneres zu stechen und zu kratzen, während die fremde Hand noch immer ruhig den Rutengriff hält.»

Was Kafka hier mit Begriffen und Bildern darstellt, die seinen Erzähltexten (*Das Urteil*, *In der Strafkolonie*, *Der Prozess*) ganz nahestehen, entspricht etwa dem, was später der Soziologe Norbert Elias im Anschluss an Freud als Ausbildung einer «Selbstzwangapparatur» beschrieben hat, die den autonomen Subjekten im «Prozeß der Zivilisation» auferlegt ist, nur dass Kafka (wie auch Otto Gross) diesen Prozess nicht als psychische Notwendigkeit moderner, hochkomplexer Gesellschaften rechtfertigt, sondern als veränderungsbedürftige Fragwürdigkeit kritisiert.

Zu den radikalsten Zeugnissen dafür gehören die Briefe über Erziehung, die Kafka 1921 an seine Schwester Elli schrieb. Es geht um ihren neun Jahre alten Sohn Felix und um «eine zarte, zwanglose, alles Gute entfaltende Erziehung» – eine Erziehung, die das Kind aus «dem Käfig der Erwachsenen» befreien will. (Br 339) Kafka rät der Schwester, ihren Sohn in ein Internat zu geben, und beruft sich dabei auf «einen große Zeugen». Aus Jonathan Swifts Beschreibung zu Gullivers Reise in Liliput hebt er den Satz hervor: «Eltern darf man am wenigsten unter allen Menschen die Erziehung der Kinder anvertrauen.» (Br 343)

Wenn Kafka sich mit seiner Empfehlung an die Schwester, den Sohn Felix aus der familiären Bindung zu lösen und in einem Internat erziehen zu lassen, auf einen zweihundert Jahre alten Roman beruft, darf das nicht als Rückgriff auf vergangenes Ideengut missverstanden oder gar als Beleg für seine literarische Traditionsverbundenheit genommen werden. Der Vorschlag entspricht vielmehr den damals ganz gegenwärtigen reformpädagogischen Bewegungen. Der Brief an Elli erwähnt unter anderem respektvoll das Landerziehungsheim in Wickersdorf (Thüringen). Es ging 1906 aus einer Fraktion der Jugendbewegung hervor, mit der wenig später auch die literarische Jugendbewegung des Expressionismus sympathisierte. Ein Mitbegründer der «Freien Schulgemeinde» in Wickersdorf, Gustav Wyneken (in dessen Schriften der auch von Kafka abwertend gebrauchte Begriff «Familienerziehung» eine wichtige Rolle spielt), verkündete im ersten Heft der von ihm redigierten Zeitschrift *Der Anfang*: «Wir geben ihr [der Jugend] die Möglichkeit, allen Mächten und Autoritäten, wenn es sein muß zum Trotz ihre Meinung und ihren Willen auszusprechen, rückhaltlos und weit vernehmbar. Wir geben ihr diese Zeitschrift in die Hand, wenn es sein muß, als Werkzeug und Waffe in ihrem Kampf um Achtung, um Recht der Persönlichkeit, um Freiheit der Oberzeugung, um eine neue Lebensgestaltung und als ein Mittel, zum ersten Mal sich selbst zu finden und zum Bewußtsein ihres Wesens und ihrer gemeinsamen Interessen zu kommen.»[32] Seit 1910 erschienen in dieser Zeitschrift die ersten Publikationen des jungen Walter Benjamin. Vom Mai 1913 bis Juli 1914 kam sie im expressionistischen Verlag *Die Aktion* heraus.

Diese Hinweise mögen genügen, um erneut zu zeigen, wie zeitgebunden Kafkas Werk ist. Seine wiederholten Parteinahmen für Kinder und Jugendliche sind so unmissverständlich wie typisch für diese Dichtergeneration. «Niemand will soviel Reformen durchführen wie Kinder» (N2 8), «Kinder sind zur Rettung der Eltern da, theoretisch verstehe ich gar nicht, wie es Menschen ohne Kinder geben kann» (Br 340). Gustav Janouch notierte später in den Erinnerungen an Kafka: «Jugend bezauberte Franz Kafka.» (J 44)

Kafka ist ein Repräsentant der damals jungen, jugendbewegten Literatur, «einzigartig» an seinem Werk sind jedoch die literarische Qualität, die Anschaulichkeit, Präzision und Differenziertheit seiner Macht- und Abhängigkeitsdarstellungen. Was er allein in den Briefen an Elli auf knappem Raum über die machtdurchsetzten Beziehungsabläufe innerhalb der Familie skizziert, übertrifft an Komplexität die plakativen Darstellungen von Vater-Sohn-Konflikten in expressionistischen Dramen wie Walter Hasenclevers *Der Sohn* um ein Vielfaches: «Wenn der Vater (bei der Mutter ist es entsprechend) ‹erzieht›, findet er z. B. in dem Kind Dinge, die er schon in sich gehaßt hat und nicht überwinden konnte und die er jetzt bestimmt zu überwinden hofft, denn das schwache Kind scheint ja mehr in seiner Macht als er selbst, [...] oder er erkennt z. B. mit Schrecken, daß etwas, was er als eigene Auszeichnung ansieht und was daher (daher!) in der Familie (in der Familie!) nicht fehlen darf, in dem Kinde fehlt, und so fängt er an, es ihm einzuhämmern, was ihm auch gelingt, aber gleichzeitig mißlingt, denn er zerhämmert dabei das Kind, [...] oder er findet z. B. in dem Kind Dinge, die er in sich liebt und ersehnt und für familiennotwendig hält, dann ist ihm alles andere an dem Kinde gleichgültig, er sieht in dem Kind nur das Geliebte, er hängt sich an das Geliebte, er erniedrigt sich zu seinem Sklaven, er verzehrt es aus Liebe.» (Br 345 f.) Das vorläufige Resümee zum Thema Familienerziehung ist deprimierend: «Das sind, aus Eigennutz geboren, die zwei Erziehungsmittel der Eltern: Tyrannei und Sklaverei in allen Abstufungen, wobei sich die Tyrannei sehr zart äußern kann (‹Du mußt mir glauben, denn ich bin deine Mutter!›) und die Sklaverei sehr stolz (‹Du bist mein Sohn, deshalb werde ich dich zu meinem Retter machen›), aber es sind zwei schreckliche Erziehungsmittel, zwei Antierziehungsmittel, geeignet, das Kind in den Boden, aus dem es kam, zurückzustampfen.» (Br 346)

Das Thema Erziehung als ein zentraler Aspekt sozialer Macht oder Abhängigkeit ist nicht nur in vielen Briefstellen und Tagebucheintragungen, sondern auch in einigen Erzählwerken Kafkas von besonderer Bedeutung, vor allem in dem Amerika-Roman *Der Verschollene* und im *Bericht für eine Akademie*. Muss dort der sechzehnjährige Junge Karl Roßmann, der von seinen Eltern aus der europäischen Heimat nach Amerika verschickt wurde, lernen, in einer ihm fremden Kultur erwachsen zu werden, so wird hier der eingefangene Affe Rotpeter dazu dressiert, den «Eigensinn» (DL 299) seiner tierischen Natur den fremden Anforderungen menschlicher Zivilisation anzupassen.

Der Verschollene ist auch ein «Erziehungsroman» – allerdings nicht im herkömmlichen Sinn. Das größtenteils 1912 geschriebene und 1914 endgültig abgebrochene Fragment erzählt nicht vom geglückten Bildungsprozess einer ihre individuellen Möglichkeiten kontinuierlich entfaltenden und schließlich «reifen», gesellschaftlich anerkannten Persönlichkeit, sondern vom genauen Gegenteil: Karl Roßmann wird *Opfer* von Erziehungsprozessen, und sein «Bildungsgang» ist ein sozialer Abstieg. Die «Bildungsreise» in die Fremde ist erzwungen. Nach Kafkas Plänen sollte sie vermutlich nicht mit der Rückkehr in die Heimat, sondern mit einer tödlichen Bestrafung enden: «Roßmann und K., der Schuldlose und der Schuldige, schließlich beide unterschiedslos strafweise umgebracht». (T 757) Zuvor schon hatte der jugendliche Held eine Kette von Bestrafungen zu erleiden. Die Vertreibung aus dem Prager Elternhaus in die Vereinigten Staaten von Nordamerika gleicht der Vertreibung eines zur Sünde Verführten aus dem Paradies. (Wie viele andere biblische und antike Mythen hat Kafka den Mythos vom Sündenfall immer wieder mit mehr oder weniger offenen Anspielungen oder ausdrücklichen Umdeutungen in die Darstellungen der eigenen Problemkomplexe integriert.) So beginnt die Geschichte: «Als der sechzehnjährige Karl Roßmann, der von seinen armen Eltern nach Amerika geschickt worden war, weil ihn ein Dienstmädchen verführt und ein Kind von ihm bekommen hatte, in dem schon langsam gewordenen Schiff in den Hafen von Newyork einfuhr, erblickte er die schon längst beobachtete Statue der Freiheitsgöttin wie in einem plötzlich stärker gewordenen Sonnenlicht. Ihr Arm mit dem Schwert ragte wie neuerdings empor und um ihre Gestalt wehten die freien Lüfte.» (V 7) Das Schwert (statt der Fackel) in der Hand der Göttin mag als literarisches Zeichen für jene Kämpfe ums Überleben stehen, von denen das Amerika dieses Romans deutlich geprägt ist; es passt aber auch zu den Motiven der Bestrafung, die sich im Text wiederholen. Der mächtige Onkel nimmt den Jungen bei sich auf, verstößt ihn jedoch wieder, weil dessen Wünsche sich dem Willen dieser neuen Vaterfigur nicht gänzlich fügen mochten. Roßmann findet daraufhin im «Hotel Occidental» eine Anstellung, wegen einer unscheinbaren Verfehlung macht man ihm dort aber den Prozess und entlässt ihn in die Asozialität.

Solch harten Bestrafungen gehen indes subtilere Formen des Zwangs zur Anpassung voraus. Besonders die ersten beiden Kapitel führen vor, wie die eigenen Willenskundgebungen und Wünsche des Jungen durch die Abhängigkeit von der väterlichen Autorität des Onkels fortgesetzt deformiert werden. Karl Roßmann tut letztlich nie, was er eigentlich will. Auf dem Schiff hat er sich mit dem Heizer angefreundet und will ihm helfen, sich gegen das ihm angetane Unrecht zu wehren. Da gibt sich einer der hohen Herren auf dem Schiff, der Senator Edward Jakob, als sein Onkel zu erkennen. Die menschliche Bindung an den armen Freund gerät in Konflikt mit der familiären Bindung an den reichen und mächtigen Onkel. Und der diktiert dem Neffen, im Gewande verständnisvoller Fürsorge, ganz unmissverständlich seinen Willen: «Du hast dich verlassen gefühlt, da hast Du den Heizer gefunden und bist ihm jetzt dankbar, das ist ja ganz löblich. Treibe das aber, schon mir zuliebe, nicht zu weit und lerne deine Stellung begreifen.» (V 50) «Schon mir zuliebe»: Der Appell hat seine jeden rebellischen Eigensinn erdrückende Wirksamkeit gerade auch durch die Berufung auf familiäre Liebesverpflichtungen. Karl Roßmann verlässt am Ende des Kapitels den Freund, lässt ihn und damit auch die eigenen Impulse im Stich. Und er überlässt sich statt dessen dem Onkel. Übrig bleiben freilich «Zweifel, ob dieser Mann ihm jemals den Heizer werde ersetzen können.» (V 53)

Von der großen Liebe des Onkels zu seinem Neffen ist in den beiden folgenden Kapiteln wiederholt die Rede. Noch in dem Brief, mit dem der Onkel ihn schließlich für immer von sich fortschickt, redet er ihn mit «mein geliebter Neffe» an und unterzeichnet mit «Dein treuer Onkel Jakob». Diese Liebe äußert sich in jener «tyrannischen», «verzehrenden» Form, wie sie Kafka später in den Briefen an Elli beschrieb. Als Karl jemanden

3. Erziehungsprozesse

fragt, ob sich der Onkel über ihn geärgert habe, bekommt er zur Antwort: «Ihre Erziehung liegt ihm eben am Herzen.» (V 73) Es ist freilich eine Erziehung, die von Anfang an totalitäre Formen permanenter Überwachung annimmt und den eigenen Wünschen des Kindes keinen Platz lässt. So missbilligt der Onkel beispielsweise die «einsame Untätigkeit» jener Neuankömmlinge in Amerika, die «tagelang auf dem Balkon gestanden und wie verlorene Schafe auf die Straße hinuntergesehen hätten.» Karl hat ähnliche Neigungen. «Und tatsächlich verzog der Onkel ärgerlich das Gesicht, wenn er bei einem seiner Besuche, die immer nur einmal täglich, undzwar immer zu den verschiedensten Tageszeiten, erfolgten, Karl auf dem Balkon antraf. Karl merkte das bald und versagte sich infolgedessen das Vergnügen, auf dem Balkon zu stehn, nach Möglichkeit.» (V 56 f.)

Die Passage wirkt zunächst eher nebensächlich, gleichwohl veranschaulicht sie, wie so viele scheinbar marginale Stellen in Kafkas Werk, auf knappem Raum höchst Bedeutendes. Sie zeigt nämlich zum einen, wie die überwachende Instanz der Macht zwar meist real abwesend, potentiell jedoch immer präsent ist, und sie führt zum anderen vor, wie der Abhängige den ichfremden Willen der Macht tendenziell zum eigenen macht: Karl versagt sich sein Vergnügen selbst. Das Kapitel führt gleich anschließend weitere Beispiele dafür an, wie die Wünsche Karls mit dem Willen des Onkels in Konflikt geraten und dabei deformiert werden. Nur zögernd und widerwillig kommt der begüterte Onkel dem Wunsch des Jungen nach einem Klavier nach. «Der Onkel duldete das Klavierspiel, sagte auch nichts dagegen, zumal sich Karl, auch ohne Mahnung, nur selten das Vergnügen des Spiels gönnte.» (V 61)

Der Onkel vergleicht die «ersten Tage eines Europäers in Amerika» mit einer «Geburt», nur dass man sich in Amerika «rascher eingewöhne als wenn man vom Jenseits in die menschliche Welt eintrete». V 56) Was der junge Karl Roßmann nach seiner Ankunft in dem fremden Land an Eingewöhnungsarbeit leisten muss, kann mithin als Bild für jene Sozialisationsprozesse gelesen werden, die jedem Kind nach der Geburt abverlangt werden, damit es in der «menschlichen Welt» überleben kann. Dazu gehört vor allem das Erlernen der Sprache. «Natürlich war das Lernen des Englischen Karls erste und wichtigste Aufgabe.» (V 61) Er erhält weiterhin, standesgemäß, Reitunterricht, bekommt Einblicke in das Handelsunternehmen, und noch die Gespräche der Erwachsenen bei den Mahlzeiten sind «für Karl eine gute Lektion hinsichtlich kaufmännischer Ausdrücke». (V 69)

Karl ist eingespannt in eine von hierarchischen, doch nie ganz durchschaubaren Machtstrukturen durchsetzte Erziehungsmaschinerie, die schon frühmorgens in ihm und um ihn herum zu arbeiten beginnt. Dass er vom Onkel eine Taschenuhr zum Geschenk bekommen hat, ist in diesem Zusammenhang weniger als eine freundliche Geste zu verstehen denn als Aufforderung, sich dem Diktat einer genauen Zeiteinteilung zu beugen. Wenn morgens um sieben ein Delegierter der väterlichen Erziehungsgewalt, ein junger «Englischprofessor», zum Unterricht kommt, findet er Karl schon lernend am Schreibtisch sitzen; denn der sieht darin die beste Gelegenheit, «seinem Onkel eine außerordentliche Freude durch rasche Fortschritte zu machen.» (V 61) Bei Zusammenkünften Karls mit Bekannten des Onkels hat sich der Professor auf dessen Anordnung hin stets in der Nähe des Jungen zu halten. Auch noch beim Reitunterricht ist er dabei. Hier steht Karl unter der Aufsicht gleich mehrerer Lehrer. Und inmitten der wenig erfolgreichen Reitübungen kann er sich (eine der für Kafka typischen Überspitzungen) «viele englische Klagerufe dauernd aneignen», die er dem Englischprofessor atemlos zuruft!

Es kommt zur Katastrophe, als diese Erziehungsordnung durch den Wunsch Karls, einer Einladung auf ein Landgut in der Nähe New Yorks folgen zu dürfen, gestört wird. Termine müssen abgesagt oder im Hinblick auf eine frühe Rückreise besonders beachtet werden. Mit undeutlichen Zeichen des Widerwillens gibt der Onkel diesem Wunsch nach. Und wiederum reichen diese Zeichen einer fremden Autorität aus, Karls eigenen Wunsch zu blockieren: «dieser Besuch, auf den er sich gefreut hatte, fieng an eine Last zu werden.» (V 71) Die ins eigene Innere eingedrungene Autorität äußert sich später in vehementen Schuldgefühlen und drängt ihn zur vorzeitigen Rückkehr. Doch dafür ist es zu spät. Einmal den eigenen Wünschen gefolgt – es ist niemals gutzumachen. Nach Mitternacht bekommt Karl im Landhaus einen Brief des Onkels ausgehändigt, in dem steht: «Du hast Dich gegen meinen Willen dafür entschieden, heute Abend von mir fortzugehn, dann bleibe aber auch bei diesem Entschluß Dein Leben lang». (V 123)

Kafka hat seinem jugendlichen Helden ein naives, kindliches Gemüt zugeschrieben und dessen eingeschränktes Bewusstsein mit stetig wiederkehrenden Hinweisen auf seine Schläfrigkeit verbildlicht. Der Autor Kafka steht hier wie auch in allen anderen Werken seinem Protagonisten zwar nahe, er hat mit ihm auch sich selbst beschrieben, aber er ist mit ihm nie identisch. Ebenso wie der Autor des *Briefes an den Vater* den Prozess durchschaut, unter dem das Kind bewusstlos zu leiden hatte, ist er auch sonst jenen Figuren seiner Werke überlegen, die ähnlichen Prozessen unterworfen sind. Dennoch erkennt Karl bisweilen, zumindest halbbewusst, seine Situation vollkommener Abhängigkeit recht genau, auch wenn er sie nicht mit der kritischen Distanz bewertet wie der Text selbst.

Die psychosoziale «Geburt» Roßmanns und der zwanghafte Erziehungsprozess, der ihr folgt, haben etliche Entsprechungen in jenem Zivilisationsprozess, der den freien Affen Rotpeter zum Varietekünstler mit der «Durchschnittsbildung eines Europäers» macht. Bei allem widerständigen, respektlosen, anarchischen Witz, der diesem Bericht eigen ist, hat er doch, gelesen als Bild für die Sozialisation des Kindes zum erwachsenen Subjekt in der «zivilisierten Welt» (DL 301), eine illusionslose Bitterkeit. Den Namen, das soziale Zeichen also seiner Identität, verdankt Rotpeter der Spur eines Gewaltaktes auf seinem Körper: einer roten Narbe im Gesicht. Sie stammt von einem der beiden Schüsse, mit denen seine Menschwerdung begann. Eine Jagdexpedition der Firma Hagenbeck hatte sie auf ihn abgegeben. «Nach jenen Schüssen erwachte ich – und hier beginnt allmählich meine eigene Erinnerung – in einem Käfig im Zwischendeck des Hagenbeckschen Dampfers.» (DL 302) Der gewaltsamen Vertreibung aus dem Paradies der Affenfreiheit folgt das

Erwachen, die Erinnerung, das Bewusstsein im Käfig der Menschen. Sich zum menschlichen Subjekt dressieren zu lassen und selbst zu dressieren ist der einzig mögliche «Ausweg» aus der Gefangenschaft. «Affen gehören bei Hagenbeck an die Kistenwand – nun so hörte ich auf Affe zu sein.» (N1 396)

Der Bericht unterscheidet mehrfach ausdrücklich den möglichen «Ausweg» aus dem Käfig von der verlorenen und nur noch um den Preis des Todes wiederzuerlangenden «Freiheit»: «Ich sage absichtlich nicht Freiheit. Ich meine nicht dieses große Gefühl der Freiheit nach allen Seiten. Als Affe kannte ich es vielleicht und ich habe Menschen kennen gelernt, die sich danach sehnen. Was mich aber anlangt, verlangte ich Freiheit weder damals noch heute. Nebenbei: mit Freiheit betrügt man sich unter Menschen allzuoft. Und so wie die Freiheit zu den erhabensten Gefühlen zählt, so auch die entsprechende Täuschung zu den erhabensten.» (DL 304) In der Menschenwelt ist Freiheit eine pure Illusion, möglich allein ist bestenfalls jene reduzierte Form von Freiheit, die im Text «Ausweg» heißt. Er setzt genaue Beobachtung, Anpassung und Lernen voraus. Man muss so werden wie die anderen Menschen, dann kann man sich unter ihnen zumindest unbehelligt bewegen. Ich «beobachtete […] in aller Ruhe. Ich sah diese Menschen auf und ab gehen, immer die gleichen Gesichter, die gleichen Bewegungen, oft schien es mir, als wäre es nur einer. Dieser Mensch oder diese Menschen gingen also unbehelligt. Ein hohes Ziel dämmerte mir auf. Niemand versprach mir, daß, wenn ich so wie sie werden würde, das Gitter aufgezogen werde.» (DL 307) Aber die Möglichkeit dazu schien immerhin gegeben.

Der Bericht betont mehrfach, dass die menschlichen Lebensformen an sich nichts Nachahmenswertes sind, schon «der trübe Blick dieser Menschen» (DL 308) zeigt es. Dieser Blick gleicht dem jener kleinen, halbdressierten Schimpansin, mit der der Berichterstatter nachts zusammenlebt und in der er ein Spiegelbild seiner selbst erkennen muss. Der Blick verweist auf die psychopathogenen Kosten der zivilisatorischen «Fortschritte» (DL 312), von denen (wie im Amerika-Roman) ironisch die Rede ist. «Bei Tag will ich sie [die Schimpansin] nicht sehen; sie hat nämlich den Irrsinn des verwirrten dressierten Tieres im Blick; das erkenne nur ich und ich kann es nicht ertragen.» (DL 313) Das ist das Resultat jener vom Erziehungsprozess bewirkten Verwischung der «Eigentümlichkeit», von der Kafka im August 1916, etwa acht Monate vor Entstehung des «Berichts», in der zitierten Aufzeichnung sprach. Statt «Eigentümlichkeit» steht in dem Bericht das Wort «Eigensinn»: «Gerade Verzicht auf jeden Eigensinn war das oberste Gebot, das ich mir auferlegt hatte; ich, freier Affe, fügte mich diesem Joch.» (DL 299)

In modernen, komplexen, zivilisierten Gesellschaften zeichnet sich das «autonome Subjekt», wie man es in der Tradition der Aufklärung propagiert, dadurch aus, dass es gelernt hat, sich selbst zu disziplinieren. Kafka führt auch in dieser Erzählung vor, wie die Herrschaft sozialer Normen einen Platz im Inneren des zivilisierten Subjekts einnimmt. Sie übt dort eine Macht über dessen eigene Natur aus, die viel perfekter funktioniert als jeder äußere Zwang. Die erfolgreich und ordentlich zivilisierte Psyche hat ihre Beobachter, Aufseher, Richter und Henker in sich selbst. Davon handelt Kafkas gesamtes Werk. «Ach, man lernt, wenn man muß; man lernt, wenn man einen Ausweg will; man lernt rücksichtslos. Man beaufsichtigt sich selbst mit der Peitsche; man zerfleischt sich beim geringsten Widerstand. Die Affennatur raste, sich überkugelnd, aus mir hinaus». (DL 311 f.) Die Versuche zur Selbstbefreiung nehmen in dieser Schilderung Formen der Selbstzerstörung an. Dieses Paradox entspricht jener «Dialektik der Aufklärung», wie sie später, maßgeblich angeregt durch Nietzsche, von Horkheimer und Adorno beschrieben und kritisiert wurde «Die Herrschaft des Menschen über sich selbst, die sein Selbst begründet, ist virtuell allemal die Vernichtung des Subjekts, in dessen Dienst sie geschieht, denn die beherrschte, unterdrückte und durch Selbsterhaltung aufgelöste Substanz ist gar nichts anderes als das Lebendige [...], eigentlich gerade das, was erhalten werden soll.»[33]

Im *Bericht für eine Akademie* hat der um seine Selbsterhaltung kämpfende Rotpeter zweimal eine Entscheidung zu treffen. Statt der Flucht in die «Freiheit», die in seiner Situation tödlich wäre (DL 308), wählt er zunächst den «Ausweg» der

Anpassung. Später eröffnen sich ihm neue Alternativen «Als ich in Hamburg dem ersten Dresseur übergeben wurde, erkannte ich bald die zwei Möglichkeiten, die mir offen standen: Zoologischer Garten oder Varieté. Ich zögerte nicht. Ich sagte mir: setze alle Kraft an, um ins Varieté zu kommen; das ist der Ausweg; Zoologischer Garten ist nur ein neuer Gitterkäfig; kommst du in ihn, bist du verloren.» (DL 311) Der Affe wird zum Varietékünstler und schafft sich damit jenen begrenzten Freiraum, den Kafka selbst in der Kunst, in der Literatur suchte.

III. Literarische Anfänge, Studium und Beruf

1. Schreibanfänge

Als achtzehnjähriger Abiturient scheint Kafka den Entschluss zum «Ausweg» einer Schriftstellerexistenz gefasst zu haben. Er selbst jedenfalls erinnerte sich später (1920) in einer autobiographischen Notizenfolge (T 854 f.), in der er sich einen «Gefangenen» ohne «Vorstellung von Freiheit» nennt, an eine Art Entscheidungssituation. Dieser hatte er sich «vor vielen Jahren» auf dem Laurenziberg, einem beliebten Ausflugsziel der Prager Bürger, gestellt. «Es war damals eine Art Abschied, den er von der Scheinwelt der Jugend nahm» – einer Welt der Täuschungen «durch die Reden aller Autoritäten ringsherum». Daraus hatte sich «die Notwendigkeit des ‹Wunsches› ergeben», des Wunsches nach einer den eigenen Bedürfnissen entsprechenden Identität: «Ich saß einmal vor vielen Jahren, gewiß traurig genug, auf der Lehne des Laurenziberges. Ich prüfte die Wünsche, die ich für das Leben hatte. Als wichtigster oder als reizvollster ergab sich der Wunsch, eine Ansicht des Lebens zu gewinnen (und – das war allerdings notwendig verbunden – schriftlich die andern von ihr überzeugen zu können) in der das Leben zwar sein natürliches schweres Fallen und Steigen bewahre, aber gleichzeitig mit nicht minderer Deutlichkeit als ein Nichts als ein Traum, als ein Schweben erkannt werde. Vielleicht ein schöner Wunsch, wenn ich ihn richtig gewünscht hätte.» Der Wunsch, durch schriftliche Wirklichkeits- und Selbsterkundungen eine Ansicht des Lebens zu gewinnen und anderen zu vermitteln, umschreibt die Form eines Künstlertums, das zwar realitätsbezogen bleibt, sich aber zugleich eine traumhafte, den Realitätszwängen enthobene Unabhängigkeit schafft, einen Freiraum zur Selbstentfaltung jenseits der von patriarchalischen Autoritäten besetzten Territorien der Familie und der Berufswelt. Die Autoritäten hatten solche Wünsche freilich so weit deformiert, dass er ihnen nie «richtig», ohne Selbstzweifel und Schuld folgen konnte.

Der Erinnerung des Schulfreundes Hugo Bergmann nach soll Kafka schon in den ersten Jahren des Gymnasiums gesagt haben, er wolle Schriftsteller werden. Ermunterungen zum literarischen Schreiben blieben im Elternhaus jedoch aus. In dem unter ökonomischen Zwängen stehenden Familienalltag galt die Welt der Literatur als ein überflüssiger, parasitärer Luxus. Kafka hat es zwar nie aufgegeben, in der Familie um Anerkennung für seine literarische Produktivität (und damit auch für seine Identität) zu werben, bekommen aber, zumal vom Vater, hat er sie nie. Und die Abwertung seines Schreibens hat er zum Teil verinnerlicht zu permanenten Selbstzweifeln. Autorschaft und Integration in eine Familie erschienen ihm unvereinbar. Die Spannung zwischen Schreiben und Familienleben blieb zeitlebens Bestandteil eines Konflikts, den seine Werke permanent darstellen und reflektieren – als Beispiel für die Schwierigkeit einer zwanglosen Ausbildung eigener Identität.

Auch für die Erinnerungen des erwachsenen Kafka an seine Schreibanfänge gilt, dass man nicht recht weiß, wofür sie aufschlussreicher sind: für das Bewusstsein und den literarischen Stil des erwachsenen Schriftstellers oder für die erinnerte Situation des Jugendlichen. Was Kafka mit Blick auf seine Schreibanfänge am 19. Januar 1911 ins Tagebuch notierte, ist jedenfalls auch ein (glänzendes) Stück Literatur: «Mit welchem Jammer (dem gegenwärtigen allerdings unvergleichbar) habe ich angefangen! Welche Kälte verfolgte mich aus dem Geschriebenen tagelang! [...] Einmal hatte ich einen Roman vor, in dem zwei

Brüder gegeneinander kämpften, von denen einer nach Amerika fuhr, während der andere in einem europäischen Gefängnis blieb. Ich fieng nur hie und da Zeilen zu schreiben an, denn es ermüdete mich gleich. So schrieb ich einmal auch an einem Sonntagnachmittag, als wir bei den Großeltern zu Besuch waren und ein dort immer übliches besonders weiches Brot, mit Butter bestrichen aufgegessen hatten, etwas über mein Gefängnis auf. Es ist schon möglich, daß ich es zum größten Teil aus Eitelkeit machte und durch Verschieben des Papiers auf dem Tischtuch, Klopfen mit Bleistift, Herumschauen in der Runde unter der Lampe durch, jemanden verlocken wollte, das Geschriebene mir wegzunehmen, es anzuschauen und mich zu bewundern. In den paar Zeilen war in der Hauptsache der Korridor des Gefängnisses beschrieben, vor allem seine Stille und Kälte; über den zurückbleibenden Bruder war auch ein mitleidiges Wort gesagt, weil es der gute Bruder war. Vielleicht hatte ich ein augenblicksweises Gefühl für die Wertlosigkeit meiner Schilderung, nur habe ich vor jenem Nachmittag auf solche Gefühle nie viel geachtet, wenn ich unter den Verwandten, an die ich gewöhnt war (meine Ängstlichkeit war so groß, daß sie mich im Gewohnten schon halb glücklich machte) um den runden Tisch im bekannten Zimmer saß und nicht vergessen konnte, daß ich jung und aus dieser gegenwärtigen Ungestörtheit zu Großem berufen war. Ein Onkel, der gern auslachte, nahm mir endlich das Blatt, das ich nur schwach hielt, sah es kurz an, reichte es mir wieder sogar ohne zu lachen und sagte nur zu den anderen, die ihn mit den Augen verfolgten, ‹das gewöhnliche Zeug›, zu mir sagte er nichts. Ich blieb zwar sitzen und beugte mich wie früher über mein also unbrauchbares Blatt, aber aus der Gesellschaft war ich tatsächlich mit einem Stoß vertrieben, das Urteil des Onkels wiederholte sich in mir mit schon fast wirklicher Bedeutung und ich bekam selbst innerhalb des Familiengefühls einen Einblick in den kalten Raum unserer Welt, den ich mit einem Feuer erwärmen mußte, das ich erst suchen wollte.» (T 146 f.)

Bemerkenswert ist diese Tagebuchnotiz zum einen als Beleg dafür, dass der frühe Romanversuch, zumindest in der Erinnerung, bereits zentrale Themen und Motive des späteren Werkes entfaltete: das Motiv des Kampfes (zwei Brüder kämpfen gegeneinander), die Projektion eines inneren Konflikts auf zwei Personen (wie dann in der *Beschreibung eines Kampfes*), das Amerika-Sujet (wie in *Der Verschollene*), das Gefängnis-Motiv. Bemerkenswert ist die Stelle jedoch zum anderen auch als Konstruktion einer für Kafkas Selbstdarstellungen typischen Situation. Der autobiographische Gehalt des Schreibens wird angedeutet. Vor dem Zitierten ist von der vagen «Ahnung zu einer Darstellung» die Rede, «die von Wort zu Wort mit meinem Leben verbunden wäre». Das Schreiben ist dabei ein nur scheinbar isolierter und monologischer Akt, es zielt in Wahrheit auf soziale Kontaktaufnahme und Anerkennung. Doch diese Absicht schlägt fehl. Die Autoritätsinstanz, der Onkel hier, und mit ihr die Gesellschaft (repräsentiert durch die Familie) verurteilt das Geschriebene. Der Schreibende sieht sich durch das Urteil aus der Gesellschaft vertrieben, verinnerlicht das Urteil (es «wiederholte sich in mir») und richtet es gegen sich selbst. (Noch die selbstironische Schilderung der ganzen Szene ist davon geprägt.) So erfährt er als Autor die Situation der Kälte und Isolation innerhalb der Gemeinschaft. – Als Kafka am 24. Mai 1913 darüber berichtet, wie er den Eltern das erste Kapitel aus dem Amerika-Roman vorliest, liefert er nur ein weiteres Beispiel für den Mechanismus der Autoritätsverinnerlichung, der für sein ganzes Werk von herausragender Bedeutung ist: «Übermut weil ich den Heizer für so gut hielt. Abend las ich ihn den Eltern vor, einen besseren Kritiker als mich während des Vorlesens vor dem höchst widerwillig zuhörenden Vater gibt es nicht. Viele flache Stellen vor offenbar unzugänglichen Tiefen.» (T 561)

2. Studium und Freundschaften

Was Kafka an literarischen Anregungen im Elternhaus fehlte, bekam er in der Schule und während des Studiums von einigen Lehrern und vor allem von Freunden. Die Schule, die sich in Kafkas Erinnerungen vornehmlich als Disziplinaranstalt, in der die Autoritätsinstanz des Vaters durch die des Lehrers ersetzt wurde, darstellte, war doch auch der Bereich, der über den begrenzten Horizont des Elternhauses hinausführte und die Chance bot, sich aus dem Territorium väterlicher Macht zu befreien. Obwohl sein Studienwunsch zwischen Chemie, Germanistik oder Kunstgeschichte schwankte, gab er dem Druck des Vaters nach und studierte Jura. Zur Wahl dieses Fachs und den damit verbundenen Berufsperspektiven schrieb er später: «Also eigentliche Freiheit der Berufswahl gab es für mich nicht, ich wußte: alles wird mir gegenüber der Hauptsache genau so gleichgültig sein, wie alle Lehrgegenstände im Gymnasium, es handelt sich also darum einen Beruf zu finden, der mir, ohne meine Eitelkeit allzu sehr zu verletzen, diese Gleichgültigkeit am ehesten erlaubt. Also war Jus das Selbstverständliche.» (N2 197 f.)

Schon in der Schule und vor allem dann während des Studiums fand Kafka den seinen eigenen Wünschen entsprechenden Freiraum im Kreis von literarisch und philosophisch interessierten Freunden. Im zweiten Semester studierte Kafka auch Germanistik, die ihm in Prag jedoch von einer eher abstoßenden Seite begegnete. Mit dem Freund Paul Kisch zusammen plante er, im Wintersemester 1902/3 das Germanistikstudium in München fortzusetzen, wo sich auch sein Klassenkamerad Emil Utitz aufhielt, doch enttäuschte ihn die Stadt. Das ungeliebte Prag ließ ihn, von etlichen Reisen einmal abgesehen, so wenig los wie das ungeliebte Jurastudium. Er absolvierte es relativ gleichgültig und abgelenkt durch diverse literarische Aktivitäten. Die Gleichgültigkeit gegenüber dem Studium und dem Beruf brauchte Kafka, um sich seinem eigentlichen Interesse, der Literatur, mit umso größerem Engagement zuzuwenden. Als er im Wintersemester 1901/2 an der Prager Universität zu studieren begann, trat er der «Lese- und Redehalle der deutschen Studenten in Prag» bei. Hier arbeitete Kafka zeitweilig als Literaturberichterstatter mit. Und hier auch lernte er im Frühjahr 1902 bei einer der abendlichen Vortragsveranstaltungen den ein Jahr jüngeren Max Brod kennen, nachdem dieser einen Vortrag über Schopenhauer und Nietzsche gehalten hatte. Parallel zu Kafkas Aktivitäten in der rührigen Sektion für Literatur und

Kunst dieser «Lese- und Redehalle» verläuft seine Beziehung zu den Prager Brentanisten, einem Philosophenzirkel, der sich alle zwei Wochen im vornehmen Café Louvre traf und sich der Auslegung des damals in Prag führenden Philosophen Franz Brentano verschrieben hatte. Im Kreis der Brentanisten, in dem auch Max Brod und der Schulfreund Hugo Bergmann verkehrten, wurde Kafka mit Problemen der deskriptiven Psychologie und der Gestaltpsychologie konfrontiert. Wichtig wurde für ihn weiterhin ein privater Kreis im Haus der philosophisch interessierten Apothekersfrau Berta Fanta, in dem das Interesse unter anderem für Rudolf Steiner (den Begründer der Anthroposophie), für die Philosophie Kants und für die Relativitätstheorie des zeitweilig in Prag lehrenden Albert Einstein geweckt wurde.

In diesen Zirkeln bildete sich ein für Kafka eminent wichtiger Freundeskreis heraus, zu dem neben Max Brod vor allem Felix Weltsch und Oskar Baum gehörten. Die Freunde milderten Kafkas Neigung zur Selbstisolation. Man traf sich regelmäßig und las sich gegenseitig vor, wobei Kafka seine eigene Literatur bis 1906 verschwieg und statt dessen seine Lieblingsautoren rezitierte. In der Studienzeit entstand die erste Fassung der *Beschreibung eines Kampfes*, an der er im Wintersemester 1904/5 zu arbeiten begann und mit der er wichtige Motive seines späteren Werkes vorformulierte: so den von vielen Autoren der Zeit (z. B. Thomas Mann) dargestellten Zwiespalt zwischen Literatur und Leben, zwischen einer asketischen, isolierten, gleichsam religiösen Form der Schriftstellerexistenz und einer vitalen, erotisch-sinnlichen Weltzugewandtheit.

Zur vollständigen Entfaltung der später immer wieder in verschiedensten Variationen dargestellten Konfliktkonstellationen fehlte zu diesem Zeitpunkt allerdings noch eine gravierende Erfahrung: die der beruflichen Verpflichtungen.

3. Berufskonflikte

Die Monate vor dem Abschlussexamen im Herbst 1905 beschreibt Kafka als eine Zeit, in der «ich mich [...] unter reichlicher Mitnahme der Nerven geistig förmlich von Holzmehl nährte, das mir überdies schon von Tausenden Mäulern vorgekaut war.» (N2 198) Nicht zuletzt aufgrund der schlechten Abschlusszeugnisse gestaltete sich die Suche nach einem geeigneten Arbeitsplatz schwierig. Es musste zudem ein Arbeitsplatz sein, der ihm genug Freiraum zur literarischen Tätigkeit ließ.

Am 18. Juni 1906 hatte Kafka seine Promotionsurkunde zum Dr. jur. erhalten. Als Qualifikationsnachweis war sie nicht viel wert. Eine Dissertationsschrift wurde nicht verlangt. Das Prager Tageblatt sprach in einem 1907 erschienenen Artikel offen aus, was allgemein bekannt war: dass nämlich «in Österreich überhaupt keine besonderen Anforderungen bei der Erlangung des juridischen Doktorates gestellt werden und daß diese Anforderungen in der Hauptsache zu einer leeren Formalität geworden sind.»[34] Nach dem Examen absolvierte Kafka ebenso lustlos wie zuvor das Studium das vorgeschriebene einjährige Rechtspraktikum am Prager Landgericht. Am 1. Oktober 1907 fand er eine Anstellung in der Prager Niederlassung der altrenommierten Versicherungsfirma Assicurazioni Generali. Schon nach wenigen Wochen jedoch wollte er diese Tätigkeit wieder aufgeben. In dem Versicherungsgebäude, schrieb er rückblickend, gab es «eine gewisse Stelle in einem kleinen Gang, der zu meinem Bureau führte, in dem mich fast jeden Morgen eine Verzweiflung anfiel, die für einen stärkern, konsequenteren Charakter als ich es bin überreichlich zu einem geradezu seligen Selbstmord genügt hätte.» (Br1 242)

Kafka war mit seinem Studium für die Berufstätigkeit nur ungenügend vorbereitet, wurde zunächst nur an einfache Arbeiten herangelassen und kam sich deshalb «deklassiert» vor. Doch entscheidender für die Unzufriedenheit war anderes: Das Gehalt war kümmerlich, die Arbeitszeit lang («von 8 früh bis 7 abends»), unbezahlte Überstunden gehörten zur Regel, und nach Dienstschluss war man verpflichtet, Italienisch zu lernen. Alle zwei Jahre standen den Angestellten 14 Tage Urlaub zu, und das nur auf ausdrücklichen Antrag. Die wenigen freien Stunden «fraß» Kafka «wie ein wildes Tier». Die literarische Arbeit stagnierte. Nachts zog er mit den Freunden durch Prag, besuchte mit ihnen die Weinstuben, Kabaretts, Kinos und Bordelle.

3. Berufskonflikte

Bald kündigte er und gab als Grund dafür (wohl nicht ganz wahrheitsgemäß) an, dass er das im Hause übliche Schimpfen auf das Personal nicht ertragen könne. Im Juni 1908 bewarb er sich bei der halbstaatlichen «Arbeiter-Unfallversicherungsanstalt für das Königreich Böhmen in Prag» und erhielt dort, naturgemäß dank irgendwelcher Beziehungen und Protektionen, am 30. Juli 1908 eine Stelle, zunächst die eines «Aushilfsbeamten». Sie war für ihn zwar ebenfalls eine ungeliebte, wenn nicht verhasste Notwendigkeit der Existenzerhaltung, doch eine wesentlich angenehmere als die vorige. Sie brachte ihm vor allem den Gewinn einer durchgehenden Arbeitszeit von 8 bis 14 Uhr. Die Nachmittage und Abende standen ihm frei zur Verfügung und wurden bald durch einen strengen Zeitplan von ihm geregelt. Dem Nachmittagsschlaf und regelmäßigen Spaziergängen folgte abends und nachts die Anstrengung des Schreibens.

Weniger diese neue Stelle als das durch sie ermöglichte Doppelleben als Versicherungsbeamter und Schriftsteller wird für Kafka hinfort zu einer konfliktreichen und physisch wie psychisch ruinösen Dauerbelastung, die entsprechend ein Dauerthema seiner Briefe, Tagebuchaufzeichnungen und literarischen Werke ist. Am 19. Februar 1911 notiert er einen dafür bezeichnenden Briefentwurf ins Tagebuch, der offenkundig seinen Chef zum Adressaten hat: «Wie ich heute aus dem Bett steigen wollte bin ich einfach zusammengeklappt. Es hat das einen sehr einfachen Grund, ich bin vollkommen überarbeitet. Nicht durch das Bureau aber durch meine sonstige Arbeit. Das Bureau hat nur dadurch einen unschuldigen Anteil daran, als ich, wenn ich nicht hinmüßte, ruhig für meine Arbeit leben konnte und nicht diese sechs Stunden täglich dort verbringen müßte, die mich besonders Freitag und Samstag, weil ich voll meiner Sachen war gequält haben, daß Sie es sich nicht ausdenken können. Schließlich das weiß ich ja ist das nur Geschwätz, schuldig bin ich und das Bureau hat gegen mich die klarsten und berechtigtesten Forderungen. Nur ist es eben für mich ein schreckliches Doppelleben, aus dem es wahrscheinlich nur den Irrsinn als Ausweg gibt. Ich schreibe das bei gutem Morgenlicht und würde es sicher nicht schreiben, wenn es nicht so wahr wäre und wenn ich sie nicht so liebte wie ein Sohn. Im übrigen bin ich morgen schon wieder sicher beisammen und komme ins Bureau, wo ich als erstes hören werde, daß Sie mich aus Ihrer Abteilung weghabenwollen.» (Br1 133 f.)

Dass mit der beschriebenen Konfliktlage auch die für Kafka so charakteristische Schuldproblematik einhergeht, wird an diesem Briefentwurf sehr deutlich. «Schuldig bin ich»: Von Schuld ist hier im Hinblick auf die ungenügend erfüllten Anforderungen im Büro die Rede. Es geht in diesem Zusammenhang aber auch um die schuldhafte Beziehung zu einer Person, der die Macht zugeschrieben wird, den Briefschreiber aus seiner Abteilung wegzuschicken, zur Person des Chefs also, die Kafka hier zur Vaterfigur macht, indem er ihr gegenüber die Liebe eines Sohnes bekundet («wenn ich Sie nicht so liebte wie ein Sohn»). Den Anforderungen des Büros bzw. des Chefs bzw. des Vaters zu entsprechen, hieße indes, schuldig zu werden gegenüber einer anderen Anforderung: der selbst auferlegten Verpflichtung zum Schreiben. In einem Tagebuchbericht aus dem gleichen Jahr über den Besuch bei dem Anthroposophen Rudolf Steiner hat Kafka seine Konfliktlage so deutlich und umfassend wie selten sonst erläutert. In einer «vorbereiteten Ansprache» erklärt er Steiner, dass zwar ein großer Teil seines Wesens zur Theosophie hinstrebe und er beim Schreiben gelegentlich Zustände erlebt habe, die den von Steiner «beschriebenen hellseherischen Zuständen sehr nahestehen», dass jedoch seine gegenwärtige Verwirrung durch die Hinwendung zur Theosophie vermutlich noch vergrößert würde. «Diese Verwirrung liegt in Folgendem: Mein Glück, meine Fähigkeiten und jede Möglichkeit, irgendwie zu Nützen liegen seit jeher im Litterarischen. [...] Diesem Litterarischen kann ich mich nun nicht vollständig hingeben, wie es sein müßte, undzwar aus verschiedenen Gründen nicht. Abgesehen von meinen Familienverhältnissen könnte ich von der Litteratur schon infolge des langsamen Entstehens meiner Arbeiten und ihres besonderen Charakters nicht leben; überdies hindert mich auch meine Gesundheit und mein Charakter daran, mich einem im günstigsten Falle ungewissen Leben hinzugeben. Ich bin daher Beamter in einer socialen Versicherungsanstalt geworden. Nun können diese zwei Berufe einander niemals ertragen und ein gemeinsames Glück zulassen. Das kleinste Glück in einem wird ein großes Unglück im zweiten. Habe ich an einem Abend Gutes geschrieben, brenne ich am nächsten Tag im Bureau und kann nichts fertig bringen. Dieses Hinundher wird immer ärger. Im Bureau genüge ich äußerlich meinen Pflichten, meinen innern Pflichten aber nicht, und jene nichterfüllte innere Pflicht wird zu einem Unglück, das sich aus mir nicht mehr rührt. Und zu diesen zwei nie auszugleichenden Bestrebungen soll ich jetzt die Teosophie als dritte führen?» (T 34 f.)

Die Eigenart von Kafkas Schreiben lässt die Existenzform des freien Schriftstellers nicht zu; der Beruf ist die existenzsichernde Basis für eine marktunabhängige, den persönlichen Ansprüchen und Eigenarten genügende Schreibweise, zugleich ist er dafür das größte Hindernis. Der Schriftsteller macht sich gegenüber den Pflichten des Beamten schuldig, der Beamte gegenüber den selbstauferlegten Pflichten des Schriftstellers. Dieser Rollenkonflikt, von dem viele Werke Kafkas stark geprägt sind, ist freilich wiederum nur ein Beispiel für den umfassenderen Konflikt zwischen dem Eigenen und dem Fremden, den «eigentümlichen» Wünschen und den sozialen Zwängen, die ihnen zuwiderlaufen. Der Eigentümlichkeit von Kafkas Schriftstellerexistenz steht nach dem Eintritt in das Berufsleben eine zweite, mit der Autorität des Vaters eng verbundene Macht entgegen. Auch darin war er in seiner Zeit freilich kein Einzelfall.

4. Die Verwandlung

Die belastende und doch zugleich auch ungeheuer produktive Spannung zwischen Schriftstellerexistenz und bürgerlichem Beruf war eine Erfahrung, die Kafka mit bedeutenden Autoren seiner Zeit teilte: mit Arthur Schnitzler etwa, mit Alfred Döblin oder auch Gottfried Benn. Im expressionistischen Jahrzehnt kommt dem Beruf darüber hinaus eine wichtige Bedeutung als literarischem Motiv und Zeichen zu. In zahlreichen Erzählungen, Romanen und Dramen wird er zum Unterscheidungsmerkmal zwischen sozialen Außenseitern und gesellschaftlich Integrierten. Der Integrierte hat einen bürgerlichen Beruf, und daran kann man ihn als solchen erkennen, der Außenseiter, der zumeist Künstler ist, hat keinen, zumindest ist seine berufliche Stellung gefährdet. In Reinhard Goerings Roman *Jung Schuk* (1913) ist es der Arztberuf, der den Titelhelden in die Gesellschaft integrieren könnte, den der Junggeselle jedoch aufgrund seiner mehr dem Künstlertum zugeneigten Konstitution zu ergreifen nicht fähig ist.

Es ist gerade auch der für die Literatur dieser Zeit (nicht nur für Thomas Mann) so charakteristische Gegensatz von Künstler- und Bürgertum, der anhand des Berufsmotivs veranschaulicht wird. In Reinhard Johannes Sorges Stück *Der Bettler* (1912) ergreift den erfolglosen Dichter angesichts der zehn Wochen, die er einem Beruf nachgegangen ist, der Ekel: «Der Ekel» Der Ekel! Das Handwerk hat mein Blut geronnen gemacht, ich eitere in den Adern, eine Kruste Geronnenes wuchert um mein Herz.»[35] In Hanns Johsts Drama *Der Einsame* (1917) bildet die Entlassung aus der beruflichen Anstellung eine der Stationen, die den Dichter Grabbe in die völlige Isolation führen. Grabbe nimmt die Entlassung recht selbstbewusst zur Kenntnis: «Meine Ehre steht nicht hinter Ämtern und Titeln! Ich bin ein Dichter!»[36] Die Mutter hingegen nennt ihn einen nichtsnutzigen Hanswurst; ohne Beruf ist er für sie eine gescheiterte Existenz. Der Entlassung folgt daher das Zerwürfnis mit der Mutter, die den literarischen Ambitionen ihres Sohnes nicht die geringste Wertschätzung entgegenbringt. Wie hier die Mutter repräsentiert in Walter Hasenclevers Drama *Der Sohn* (1914) der Vater jene gesellschaftlichen Werte, mit denen der jugendliche Protagonist aufgrund seiner literarischen Neigungen in Konflikt gerät. Sie sind daran schuld, dass er sein Examen nicht bestanden hat, das nach den Plänen des Vaters Voraussetzung für den späteren Richter-Beruf sein sollte. Der Vater bezeichnet ihn als «Tagedieb», «Schande» der Familie, als Nichtsnutz, der es nicht verdiene, von seinem Geld ernährt zu werden. Er verachtet ihn, schlägt ihn und sperrt ihn wie einen Kranken und Verbrecher in sein Zimmer ein.

4. «Die Verwandlung»

Ein thematischer Vergleich dieser 1916 in Prag uraufgeführten Szenen mit Kafkas wohl berühmtester Erzählung *Die Verwandlung*, die 1916 im Kurt Wolff Verlag erschienen ist (wie Hasenclevers Stück), und zwar in der den literarischen Expressionismus repräsentierenden Buchreihe *Der jüngste Tag*, – ein derartiger Vergleich zeigt einmal mehr, wie falsch es ist, Kafkas Werk aus seiner expressionistischen Umgebung zu isolieren. Auch in Kafkas Erzählung der Vater-Sohn-Konflikt, auch hier, im Bild des «Ungeziefers», die Figur des nichtsnutzig-parasitären und Schande bereitenden Außenseiters, der sich seinen beruflichen und damit auch familiären Verpflichtungen entzogen hat, den man seiner andersartigen «Eigentümlichkeiten» wegen einsperrt, den man nicht mehr wie einen Menschen, sondern wie ein widerliches Tier behandelt. Dieser Bildlichkeit ganz entsprechend, hatte Erich Mühsam 1911 die Außenseiterexistenz des Dichters folgendermaßen geschildert: «Unter den Umständen, die uns umgeben, ist er daher überflüssig, wertlos, unnütz und mithin lächerlich und gefährlich. Der Künstler selbst gilt [...] als Schmarotzer, Schädling, als Verkehrsstörung.»[37]

«Als Gregor Samsa eines Tages aus unruhigen Träumen erwachte, fand er sich in seinem Bett zu einem ungeheuren Ungeziefer verwandelt.» (DL 115) Die Erzählung nimmt schon hier eine weit verbreitete Metapher wörtlich und führt sie dann fort bis zu ihrem konsequenten Ende – eine Metapher, wie man sie mit Vorliebe in solchen Redeweisen verwendet, die bestimmten, ‹lebensunwerten›, der Gesellschaft ‹schädlichen› Menschen das Existenzrecht absprechen. Im *Brief an den Vater* schreibt Kafka dem Vater zweimal das Wort vom parasitären «Ungeziefer» zu. Einmal ist damit Kafkas Freund, der jiddische Schauspieler Jizchak Löwy, ein Künstler also wiederum, gemeint, das andere Mal der eigene Sohn. (N2 154, 215)

Zum unnützen, minderwertigen, abstoßenden «Ungeziefer» wird, wer seinen beruflichen Verpflichtungen nicht nachkommen mag oder kann. «Nur sich nicht im Bett unnütz aufhalten», sagt sich Gregor Samsa. Er hatte den auf «vier Uhr» eingestellten Wecker und damit das Diktat beruflicher Termine verschlafen (die in Kafkas Werken ständig wiederkehrende Angst, zu spät zu kommen!). Für einen übergewissenhaften Angestellten, der «während seines fünfjährigen Dienstes noch nicht einmal krank gewesen» war, wäre das allerdings schon Grund genug (folgt man Kafkas Logik der Übertreibung), sich in ein nutzloses Ungeziefer verwandelt zu sehen. Ausführlich denkt Gregor denn auch zunächst über seinen «anstrengenden Beruf» nach, gegen dessen Anforderungen seine Wünsche ziemlich offen rebellieren. Zuerst in der Phantasie, dann in der Realität sieht sich Samsa mit einer mächtigen Allianz von hierarchisch mehr oder weniger geordneten Autoritäten konfrontiert: «ein Donnerwetter des *Chefs* war nicht zu vermeiden, denn der *Geschäftsdiener* hatte beim Fünfuhrzug gewartet und die Meldung von seiner Versäumnis längst erstattet. [...] Gewiß würde der Chef mit dem *Krankenkassenarzt* kommen, würde den *Eltern* wegen des faulen Sohnes Vorwürfe machen und alle Einwände durch den Hinweis auf den Krankenkassenarzt abschneiden, für den es ja überhaupt nur ganz gesunde, aber arbeitsscheue Menschen gibt.» (DL 118 f.; Hervorhebungen von mir.) In der erzählten Realität tritt neben der sanft mahnenden Mutter, dem mit der Faust an die Tür klopfenden Vater und der leise klagenden Schwester zunächst noch der Prokurist der Firma auf, um, stellvertretend für die anderen, Gregors berufliche Pflichten einzuklagen: «Sie verbarrikadieren sich da in Ihrem Zimmer, antworten bloß mit ja und nein, machen Ihren Eltern schwere, unnötige Sorgen und versäumen – dies nur nebenbei erwähnt – Ihre geschäftlichen Pflichten in einer eigentlich unerhörten Weise. Ich spreche hier im Namen ihrer Eltern und Ihres Chefs und bitte Sie ganz ernsthaft um eine augenblickliche, deutliche Erklärung.» (DL 128)

Gregor Samsa sieht sich «dazu verurteilt, bei einer Firma zu dienen, wo man bei der kleinsten Versäumnis gleich den größten Verdacht faßte». (DL 124 f.) Entsprechend rigide ist Samsas Gewissensbildung. Er sieht sich selbst als einen «treuen ergebenen Menschen, der, wenn er auch nur ein paar Morgenstunden für das Geschäft nicht ausgenützt hatte, vor Gewissensbissen närrisch wurde und geradezu nicht imstande war, das Bett zu verlassen». (DL 125) Kafka hat die Geschichte so konstruiert, dass sie ein anschauliches Beispiel dafür liefert, wie die den Berufspflichten entgegenstehenden Wünsche auf ein komplexes und erdrückendes System von finanziellen und emotionalen Abhängigkeiten stoßen. Die Eltern sind seinem Chef Geld schuldig, das sie selbst offenbar nicht zurückzahlen können. Gregors berufliche Verpflichtungen gegenüber der Firma sind also mit Fürsorgepflichten gegenüber der von ihm ökonomisch abhängigen Familie gekoppelt. Finanziell abhängig sind die Eltern auch von drei «Herren», die in einem der Zimmer als Untermieter wohnen, die jedoch dort, wo ein solches Ungeziefer haust, nicht länger zu bleiben gewillt sind.

Man könnte aufgrund psychoanalytischer Einsichten über den «Krankheitsgewinn» versucht sein, Gregors Verwandlung, die im Text wiederholt mit einer Krankheit verglichen wird, als Versuch zur Befreiung von dem belastenden Druck dieses Abhängigkeitssystems zu verstehen. In der Tat befreit sie ihn ja von dem verhassten Beruf. Eine genaue Lektüre von Kafkas Texten zeigt jedoch in diesem wie in anderen Fällen auch, welch hoher Grad von sozialpsychologischer Bewusstheit ihnen eigen ist, so dass psychoanalytische Deutungen selten mehr (meist weniger) zu erhellen vermögen als der Autor mit seinen Werken selbst. Dass die Verwandlung zum arbeitsunfähigen Ungeziefer durchaus auch den Wünschen des Handlungsreisenden Gregor Samsa entspricht, macht die Erzählung anfangs sehr deutlich.

Kafkas Gregor Samsa hat über den Gleichklang der Nachnamen hinaus etliche Gemeinsamkeiten mit Eduard Raban, dem Protagonisten des 1907 entstandenen Romanfragments *Hochzeitsvorbereitungen auf dem Lande*. Der stellt sich vor, wie er seinen «angekleideten Körper» auf eine Reise schickt, die ihm selbst lästig ist. Das Ich bleibt in dieser Wunschphantasie im Bett liegen, in der «Gestalt eines großen Käfers, eines Hirschkäfers oder eines Maikäfers». «Ich stellte es dann so an, als handle es sich um einen Winterschlaf, und ich preßte meine Beinchen an meinen gebauchten Leib. Und ich lisple eine kleine Zahl Worte, das sind Anordnungen an meinen traurigen Körper, der knapp bei mir steht und gebeugt ist. Bald bin ich fertig, er verbeugt sich, er geht flüchtig und alles wird er aufs beste vollführen, während ich ruhe.» (N1 18) Was hier noch in Form einer Spaltung zwischen einem Teil der Person, der den sozialen Verpflichtungen nachkommt, und einem anderen Teil, der den eigenen Wünschen folgt, imaginiert ist, radikalisiert sich in der späteren Phantasie des Autors zur Verwandlung des sozial angepassten Handlungsreisenden in einen Verweigerer beruflicher Pflichten.

Es mag nicht ganz leicht nachvollziehbar sein, dass sich Wünsche nach einer dissidenten, «eigentümlichen» Existenz gerade in einem «Ungeziefer» verkörpern sollen. Mit diesem Bild vermochte Kafka jedoch gleich mehrere Bedeutungsaspekte der von ihm wie der ganzen expressionistischen Generation so häufig aufgegriffenen Tiermetaphorik auszuspielen. Mit Blick auf die Bilder Edvard Munchs schrieb Theodor Däubler 1919: «Die Rückkehr zum Tier durch die Kunst ist unsere Entscheidung zum Expressionismus.»[38] In Gedichten wie *Die gefangenen Tiere, Der Affe* oder *Der Kondor* (alle von Georg Heym), *Bestienhaus* (Alfred Wolfenstein) oder *Die Ratten* (Georg Trakl) und in Erzählungen wie *Der Selbstmord eines Katers* oder *Kaninchen* (beide von Albert Ehrenstein) verbildlichen die Tiere zum einen die von zivilisierten Menschen unterschiedene Existenzform naturwüchsiger Vitalität und Ungebundenheit, zum anderen (und oft zugleich) das Leiden an der Gesellschaft – als von Menschen gejagte, gefangene, verachtete, verabscheute, geschlagene oder geschlachtete Tiere. In beiden Aspekten stehen die Tierfiguren den Künstlerfiguren nahe. Eine ganz ähnliche Doppelwertigkeit haben die vielen Tierfiguren und -vergleiche, die Affen, Mäuse, Hunde, Schakale oder Pferde, in Kafkas Werken. Die singende Maus, der forschende Hund und der bauende Maulwurf folgen unbedingt ihrem eigentümlichen Willen. Die Tiere in Kafkas Werken repräsentieren das Andere der sozialen Normalität, werden jedoch gerade aufgrund ihrer Andersartigkeit auch Opfer sozialer Macht und Gewalt.

Im Bild des «Ungeziefers» Gregor Samsa ist beides präsent: die Entbundenheit des Tieres (bzw. des sozialen Außenseiters) von gesellschaftlichen Zwängen sowie die Abscheu, die Empörung, das Unverständnis und die Gewalt, mit denen die Gesellschaft auf seine Andersartigkeit reagiert. Die Erzählung spielt allerdings den abwertenden Aspekt der Tiermetaphorik auch gegen die Menschen aus, in deren Augen Gregor Samsa kein Mensch mehr, sondern nur noch ein Ungeziefer ist. «War er ein Tier, da ihn Musik so ergriff?» (DL 185) Mit diesen Worten stellt Samsa seine Deklassierung zum Tier selbst infrage. Infrage gestellt wird umgekehrt auch die Menschlichkeit derer, die sich dem Diktat ökonomischer und sozialer Zwänge vollkommen unterworfen haben. Den gehorsamen Geschäftsdiener nennt Samsa anfangs «eine Kreatur des Chefs, ohne Rückgrat und Verstand.» (DL 118) Als der Vater den Sohn in dessen Zimmer zurücktreiben will, stößt er «Zischlaute aus, wie ein Wilder» (DL 140), später wirft er mit Äpfeln nach ihm, wie ein Affe. Im übrigen gibt die ganze «abgearbeitete und übermüdete Familie» in ihrer vollkommenen Unterwerfung unter die Zwänge der Erwerbstätigkeit das trübe Bild eines wenig erstrebenswerten Menschenlebens ab und belässt damit Samsas Rebellion dagegen ihren Wert. Die Mutter näht abends Wäsche für ein Modegeschäft, die Schwester arbeitet als Verkäuferin und bildet sich abends fort, um vielleicht einmal einen besseren Posten zu bekommen, der Vater trägt sogar zuhause noch seine Dieneruniform und schlummert «vollständig angezogen auf seinem Platz, als sei er immer zu seinem Dienste bereit und warte auch hier auf die Stimme des Vorgesetzten.» (DL 173)

In der Erzählung setzt sich freilich nicht die bessere Lebensform durch, sondern die Macht. Der negative, gegen Samsas Andersartigkeit gerichtete Aspekt der Tiermetaphorik wird schnell dominant. Samsa wird zum gejagten, verwundeten und gefangenen Tier. An der von Kafka hier wie auch sonst so sorgfältig herausgearbeiteten Raummetaphorik ist der Umschlag gut abzulesen: «Früh, als die Türen versperrt waren, hatten alle zu ihm hereinkommen wollen, jetzt, da er die eine Tür geöffnet hatte und die anderen offenbar während des Tages geöffnet worden waren, kam keiner mehr, und die Schlüssel steckten nun auch von außen.» (DL 144 f.) Zuerst grenzt sich Gregor von der Familie ab, dann grenzt die Familie ihn aus. Der endgültige Entschluss, ihn aus der Gemeinschaft auszuschließen, findet wiederum seine räumliche Entsprechung: «Kaum war er innerhalb seines Zimmers, wurde die Tür eiligst zugedrückt, festgeriegelt und versperrt.» (DL 192 f.) Am darauffolgenden Morgen ist Gregor Samsa tot.

Während der Affe Rotpeter durch die Verwandlung zum sprachmächtigen Menschen einen «Ausweg» aus der Gefangenschaft findet und überlebt, wird der Handlungsreisende durch die Verwandlung zum sprachlosen Tier, schließlich ein Gefangener und stirbt. In beiden Fällen geht der Identitätswandel auch mit einem Wandel in der Einstellung der anderen einher. Die menschliche Gesellschaft lässt in beiden Texten nur den in ihr leben, der ihr gleicht. In der *Verwandlung* spricht es die Schwester am Ende offen aus. «Weg muß es», sagt sie über das Ungeziefer, «das ist das einzige Mittel, Vater. Du mußt bloß den Gedanken loszuwerden suchen, daß es Gregor ist. Daß wir es so lange geglaubt haben, das ist ja unser eigentliches Unglück. Aber wie kann es denn Gregor sein? Wenn es Gregor wäre, er hätte längst eingesehen, daß ein Zusammenleben von Menschen mit einem solchen Tier nicht möglich ist, und wäre freiwillig fortgegangen.» (DL 191.) Gregor *sieht* es ein, das Urteil der Schwester übernimmt er: «Seine Meinung darüber, daß er verschwinden müsse, war womöglich noch entschiedener, als die seiner Schwester.» (DL 193)

Am Anfang stand die Rebellion des Eigenen gegen das Fremde der beruflichen Zwänge und der sie repräsentierenden Autoritäten. Am Ende steht die schwerste Strafe, die Todesstrafe. Das ihr vorangehende Urteil wird vollstreckt im friedlichen Einverständnis mit dem Verurteilten. Nur um den Preis des eigenen, freiwilligen Verschwindens kann das dissidente Subjekt die innere Harmonie mit der familiären Gemeinschaft wieder herstellen. Das macht Gregors Satz verständlich, der nach allem, was voranging, zunächst so befremdlich wirkt: «An seine Familie dachte er mit Rührung und Liebe zurück.» (DL 193) Ein, vom Autor und vom Textzusammenhang her gesehen, ungeheuer böser Satz, er nimmt der Familienliebe jeden Wert. Durch sie hat das Fremde um *und in* Gregor Samsa im Kampf mit dem Eigenen gesiegt.

«Mein Posten ist mir unerträglich, weil er meinem einzigen Verlangen und meinem einzigen Beruf das ist der Litteratur widerspricht.» (Br2 500) In Kafkas *Verwandlung* wie in seinen Briefen und Tagebüchern ist der verhasste «Posten», für den das Wort «Beruf» ein Euphemismus wäre, nur Beispiel für die ichfremde Macht gesellschaftlicher Ansprüche. In der Zeit, in der er *Die Verwandlung* schreibt, bekommt der äußere und innere Konflikt zwischen dem Eigenen und dem Fremden jene komplexen Formen, die sein Werk hinfort andauernd variiert. Es ist die Zeit seines literarischen «Druckbruchs» und die Zeit auch, in der er seinen langjährigen Kampf um die Geliebte Felice Bauer zu führen beginnt.

IV. Literarischer Durchbruch und Kampf um Felice Bauer

1. Chronik der lebensentscheidenden Jahre

Die Jahre 1911 und 1912 sind in Kafkas Leben gekennzeichnet von wichtigen Neuorientierungen, der Zuspitzung und Ausweitung seiner persönlichen Konflikte und dem Durchbruch zu einer ihm gemäßen Form von Literatur, die heute seine Bedeutung ausmacht.

Anfang 1911 liest er intensiv in den Werken und Briefen Kleists, dessen Lebensschwierigkeiten (nicht zuletzt in der Familie) Kafkas Auseinandersetzungen mit den eigenen Familienverhältnissen vorantreiben. Vor allem schätzt er den *Michael Kohlhaas*. Diese Geschichte einer Rebellion und Bestrafung entspricht einem Handlungsmuster, dem er selbst bald immer wieder folgt.

Seit Herbst 1911 intensivieren sich Kafkas Kontakte zum Kreis der Prager Frühexpressionisten um Franz Werfel im Cafe Arco. 1911 beginnt das *Prager Tagblatt* Gedichte der Berliner Expressionisten Jakob van Hoddis, Paul Zech, Ernst Blass und Kurt Hiller abzudrucken. Über die Aktivitäten im Berliner «Neuen Club», einer Art Keimzelle der expressionistischen Bewegung, wird Kafka vor allem durch Max Brod informiert.

1911 wohl auch beginnt Kafka, sich mit den Denkformen der Psychoanalyse vertraut zu machen, zur gleichen Zeit verstärken sich seine Auseinandersetzungen mit dem Zionismus. Im Oktober 1911 kommt es zu intensiven Begegnungen mit der von Jizchak Löwy geleiteten ostjüdischen Theatergruppe, die im Prager Café Savoy gastiert. Kafka befreundet sich mit Löwy, und dessen erfolgreiche Emanzipation vom Vater bestärkt ihn darin, die eigenen Vater-Konflikte bewusster und offener als bisher auszutragen. Im Herbst 1911 gerät Kafka gleich mehrfach in heftigen Streit mit dem Vater. Während die Beziehung zwischen ihm und den Eltern früher von dem Bemühen um harmonischen Ausgleich geprägt war, bekundet der Sohn jetzt gegenüber dem Vater wiederholt vehementen Hass.

Neben den Vaterkonflikten verschärfen sich in den beiden Jahren die Berufskonflikte erheblich, und zwar vor allem aus zwei Gründen. Einmal treten zur Belastung durch die Arbeit in der Versicherungsanstalt literaturferne Verpflichtungen ähnlicher Art. Mit vom Vater geliehenen Geldern wird Kafka stiller Teilhaber an den von ihm und dem Schwager Karl Hermann im Dezember 1911 gegründeten «Prager Asbestwerken», einer Fabrik mit fünfundzwanzig Arbeiter(inne)n sowie vierzehn modernen Maschinen. Wie immer man die Motivation zu diesem unternehmerischen Engagement einschätzen mag, als Anpassung an die Wertvorstellungen und den ökonomischen Aufstiegswillen des Vaters oder als Versuch, sich einen finanziellen Freiraum zum literarischen Schreiben zu schaffen: die neuen Belastungen durch die Fabrik treiben Kafka bald an den Rand des Selbstmords. Davon zeugt vor allem ein Brief an Max Brod, geschrieben in der Nacht zum 8. Oktober 1912, sechs Wochen vor Niederschrift der *Verwandlung*. Die Parallelen zwischen Brief und Erzählung sind nicht zu übersehen. Kafka muss, wie er mitteilt, den guten Fluss der literarischen Arbeit (am Amerika-Roman) unterbrechen, weil der Schwager zu einer Geschäftsreise aufgebrochen ist und die Fabrik daher nach Meinung der Eltern der Überwachung durch den Sohn bedarf. Als die Ängste, Klagen und Vorwürfe der Mutter, des Vaters und schließlich sogar der jüngsten Schwester («die doch sonst zu mir hält») ihn noch stärker als sonst dazu drängen, sich um die Fabrik zu kümmern, sieht Kafka für sich nur zwei Möglichkeiten: «entweder nach dem allgemeinen Schlafengehen aus dem Fenster zu springen oder in den nächsten vierzehn Tagen täglich in die Fabrik und in das Büro meines Schwagers zu gehen. Das erstere gab mir die Möglichkeit, alle Verantwortung sowohl für das gestörte Schreiben als auch für die verlassene Fabrik abzuwerfen, das zweite unterbrach mein Schreiben unbedingt». Der Brief schließt mit dem bitteren Gruß: «Gute Nacht, damit ich morgen ein Fabrikchef bin, wie es verlangt wird.» Und in einer Nachschrift vom nächsten Morgen heißt es, gegen die Familie gerichtet: «ich hasse sie alle der Reihe nach und denke, ich werde in diesen vierzehn Tagen kaum die Grußworte für sie fertig bringen.» (BrI 180)

Der zweite Grund für die Zuspitzung der Berufskonflikte war ganz anders geartet. Am 13. August 1912 lernt Kafka im Elternhaus von Max Brod die fünfundzwanzigjährige Berliner Angestellte Felice Bauer kennen. Am 14. September verlobt sich seine Schwester Valli. Sechs Tage später, am 20. September, verfasst Kafka den ersten Brief an Felice. Zwei Tage später, in der Nacht vom 22. zum 23. September, schreibt Kafka zwischen zehn Uhr abends und sechs Uhr morgens die Erzählung *Das Urteil* nieder; er widmet sie dann Felice Bauer. Am 26. September, also drei Tage später, beginnt er das erste Kapitel (*Der Heizer*) des Amerika-Romans niederzuschreiben. Am 17. November nimmt er die Arbeit an der *Verwandlung* auf.

Die Chronik kann zeigen, dass der Durchbruch außerordentlicher Produktivität einhergeht mit einer Konflikteskalation, die sich aus dem Verhältnis zu Felice Bauer ergab. Mit ihm konkretisiert sich für Kafka die Möglichkeit der Eheschließung und Familiengründung, die in ihm viele Hoffnungen weckt – und noch mehr Ängste. In einer «Zusammenstellung alles dessen, was für und gegen meine Heirat spricht» notiert Kafka im Juli 1913: «Unfähigkeit, allein das Leben zu ertragen, [...] unfähig bin ich, den Ansturm meines eigenen Lebens, die Anforderungen meiner eigenen Person, den Angriff der Zeit und des Alters, den vagen Andrang der Schreiblust, die Schlaflosigkeit, die Nähe des Irreseins – alles dies allein zu ertragen bin ich unfähig. Vielleicht, füge ich hinzu. Die Verbindung mit F. wird meiner Existenz mehr Widerstandskraft geben.» Dagegen steht: «Die Angst vor der Verbindung, dem Hinüberfließen. Dann bin ich nie mehr allein.» Und: «Ich muß viel allein sein. Was ich geleistet habe, ist nur ein Erfolg des Alleinseins. [...] Alles was sich nicht auf Literatur bezieht, hasse ich, es langweilt mich, Gespräche zu führen (selbst wenn sie sich auf Literatur beziehen), es langweilt mich, Besuche zu machen, Leiden und Freuden meiner Verwandten langweilen mich in die Seele hinein.» Die Zusammenstellung endet mit dem wichtigsten Argument gegen eine Heirat: «Allein könnte ich vielleicht einmal meinen Posten wirklich aufgeben. Verheiratet wird es nie möglich sein.» (T 570) Die konsequente Hingabe an «das Eigentliche was ich will» (Br3 101), die Literatur, verträgt sich mit der Heirat deshalb nicht, weil der Zwang zur Ernährung einer eigenen Familie den Berufszwang nur noch verstärken würde.

Man sollte die 1912 erreichte Komplexität der Konflikte, mit denen sich Kafka konfrontiert und von denen er sich zerrissen sah, noch ein wenig genauer beschreiben. Denn sie bleiben hinfort, ins Exemplarische stilisiert, die Stoffe, aus denen seine Werke gemacht sind. Diese Werke sind bis hin zu seinem letzten großen Romanfragment *Das Schloss* und seinen letzten Erzählungen nur Variationen eines einzigen literarischen Projekts. Mit gleichsam experimentellen Anordnungen spielt es die gleichen Konflikte immer und immer wieder durch, es sucht nach Lösungen und damit nach Möglichkeiten zur zwanglosen Ausbildung einer wunschgemäßen Identität, und es beweist, dass es solche Lösungen unter den gegebenen Bedingungen gar nicht oder nur um den Preis des eigenen Lebens gibt.

2. Konstanz der Konflikte – Aspekte zur «Einheit» des Gesamtwerkes

Am 4. April 1913 schreibt Kafka dem Verleger Kurt Wolff, dass *Der Heizer*, *Die Verwandlung* und *Das Urteil* zusammen vielleicht «ein ganz gutes Buch ergeben, das die ‹Söhne› heißen könnte.» (Br2 156) Eine Woche später, am 11. April, artikuliert sich diese Vorstellung als entschiedene «Bitte»: Wäre es möglich, fragt Kafka an, «daß ‹der Heizer› abgesehen von der Veröffentlichung im ‹Jüngsten Tag› später [...] mit den zwei anderen Geschichten verbunden in ein eigenes Buch aufgenommen wird [...]? Mir liegt eben an der Einheit der drei Geschichten nicht weniger als an der Einheit einer von ihnen.» (Br2 166)

In allen drei Geschichten ist ein autobiographisches Konfliktmuster literarisch verarbeitet, das Kafkas Literatur auch später noch prägt und etwas von der «Einheit» seines gesamten Werkes ausmacht. Dieses Konfliktmuster lässt sich als ein Geflecht von persönlichen Bindungen beschreiben, die sich zum Teil gegenseitig verstärken, zum Teil aber auch ausschließen und nicht integrieren lassen. Bestandteile dieses Bindungsgeflechtes sind:

1. die Bindung des Sohnes an die Familie im Elternhaus (mit den Schwestern, der Mutter und der dominanten Vaterfigur);
2. die Bindung an den «Posten» (mit der Abhängigkeit von einer Hierarchie von Vorgesetzten, die den Charakter von Vaterfiguren haben);
3. die Bindung speziell an Frauen (mit der Aufspaltung in «Heilige und Huren», in weitgehend entsexualisierte Schwester- und Mutterfiguren sowie potentielle Ehefrauen auf der einen und sinnlich-erotische Verführerinnen oder Sexualobjekte auf der anderen Seite);
4. die Bindung an die Literatur und das eigene Schreiben (gekoppelt mit Anforderungen, denen nur eine isolierte, junggesellenhafte, zölibatäre Existenzform entsprechen kann);
5. die Bindung an Männerfreunde (mit gleichartigen literarischen Interessen).

Die von Kafkas literarischer Autobiographik dargestellten Konflikte sind so strukturiert, dass die Bevorzugung einer Art von Bindung zwar eine Befreiung aus anderen Bindungen bedeuten kann, dass aber diese Befreiung immer auch als ein Verlust erscheint und mit Schuld und (Selbst-)Bestrafung aufgrund abgebrochener oder vernachlässigter Bindungen einhergeht. Überlagert sind diese persönlichen Bindungskonflikte von einem allgemeineren Grundkonflikt, jenem nämlich, den Otto Gross mit

Formulierungen wie «Konflikt zwischen dem Individuum und der Allgemeinheit» oder «Konflikt des Eigenen und des Fremden» auf eine Kafka stark anziehende Formel gebracht hat. Diesen sehr allgemein gefassten Grundkonflikt haben Kafka-Interpreten mehr oder weniger deutlich erkannt und je nach eigenem Standort unterschiedlich benannt: marxistisch als Kampf zwischen entfremdeter und unentfremdeter Arbeit, existentialistisch als Gegensatz zwischen eigentlichem und uneigentlichem Dasein, religiös als Unterschied von heilig und profan, psychoanalytisch als Widerstreit von Es und Über-Ich, kulturkritisch als Kontrast von Natur und Zivilisation oder poststrukturalistisch als Differenz von Körper und Schrift oder antiödipalem Begehren und ödipaler Unterwerfung.

Indem Kafka die Darstellungen der eigenen Konflikte mit Bruchstücken aus mythischen, religiösen und literarischen Traditionen, juristischen Diskursen, psychoanalytischen oder philosophischen Vorstellungen bebilderte und ins Allgemeine stilisierte, hat sein Werk den verschiedensten Deutungsansätzen Vorschub geleistet. Dieses Werk ist zwar nicht undeutbar, aber den Fixierungen durch Begriffsgegensätze, die zwischen positiven und negativen Denk- oder Lebensformen klar unterscheiden, entzieht es sich durch die für Kafkas Schreiben (und Leben) so charakteristische Unentschiedenheit. Er hat unter ihr selbst gelitten, und auch für seine Leser ist sie oft quälend, doch hat sie ihn dazu befähigt, die literarischen Erkenntnisprozesse nicht vorzeitig abzubrechen, sondern immer weiter zu treiben – weiter, als es in der Bindung an homogene Weltbilder möglich ist.

Bezeichnend für Kafkas skeptische Unentschiedenheit ist sein Verhältnis zu Kierkegaard. Wie Trakl, Rilke und viele seiner Zeitgenossen schätzte er ihn außerordentlich, doch schon der zur Entscheidung fordernde Titel der Schrift *Entweder-Oder* musste ihn befremden. Er nannte das Buch denn auch abscheulich und widerwärtig. (Br 224) 1916 grenzte er ausdrücklich Kierkegaards Entschiedenheit von der eigenen Unentschiedenheit ab. (T 803) Die Abgrenzung betrifft hier das Verhalten im privaten Bereich, doch Kafka nimmt sie auch im religiösen vor. «Ich bin nicht», schrieb er an anderer Stelle, «von der allerdings schon schwer sinkenden Hand des Christentums ins Leben geführt worden wie Kierkegaard und habe nicht den letzten Zipfel des davonfliegenden jüdischen Gebetmantels noch gefangen wie die Zionisten. Ich bin Ende oder Anfang.» (N2 98)

Die alten, Halt und Sicherheit gewährenden Orientierungen stehen in einer rapide veränderten Welt nicht mehr zur Verfügung, neue Verbindlichkeiten sind noch nicht in Sicht. Hierin ist Kafka ein Repräsentant der Moderne. Im andauernden Aufschreiben von Angst und Ohnmacht, Unsicherheit und Orientierungslosigkeit gleicht er seinen expressionistischen Zeitgenossen. «Wir sind alle hineingestellt in eine fürchterliche Unübersehbarkeit, der Reichtum der Einsichten und Organismen trug Verzweiflung und Wahnsinn in uns hinein, wir stehen machtlos der Einzelheit gegenüber, die keine Ordnung zur Einheit macht», schrieb der bewunderte Freund Franz Werfel 1914 in der *Aktion*.[39] Zweieinhalb Jahre später hielt Hugo Ball in Zürich einen Vortrag, der die expressionistische Generation ausdrücklich in eine Übergangszeit gestellt sieht: «Die Weltgeschichte bricht in zwei Teile. Es gibt eine Zeit vor mir und eine Zeit nach mir.» Zerbrochen sind dieser Generation alle tradierten Gewissheiten: «Eine Zeit bricht zusammen. Eine tausendjährige Kultur bricht zusammen. Es gibt keine Pfeiler und Stützen, keine Fundamente mehr, die nicht zersprengt worden wären. Kirchen sind Luftschlösser geworden. Überzeugungen Vorurteile. Es gibt keine Perspektive mehr in der moralischen Welt. Oben ist unten, unten ist oben. Umwertung aller Werte fand statt. Das Christentum bekam einen Stoß. Die Prinzipien der Logik, des Zentrums, Einheit und Vernunft wurden als Postulate einer herrschsüchtigen Theologie durchschaut.» Was Ball angesichts dieser Situation über die Befindlichkeit des zeitgenössischen Künstlers schreibt, kann auch für Kafka gelten: «Die Künstler dieser Zeit sind nach innen gerichtet. Ihr Leben ist ein Kampf mit dem Irrsinn. Sie sind zerrissen, zerstückt, zerhackt, falls es ihnen nicht glückt, für einen Moment in ihrem Werk das Gleichgewicht, die Balance, die Notwendigkeit und Harmonie zu finden.»[40]

Etliche Expressionisten vermochten solche Krisenerfahrungen mit jenem lautstarken Verbrüderungs- und Oh-Mensch-Pathos zu übertönen, das sich schnell verbrauchte und heute kaum mehr lesbar ist. Nicht so Kafka. Sein unentschiedener Skeptizismus misstraute den enthusiastischen Visionen vom Neuen Menschen und den hybriden Selbststilisierungen des Dichters zum Priester und Propheten. Seine permanenten und schonungslosen Zweifel richteten sich vor allem auch gegen die eigene Person, und sie umfassten auch noch die Bindung, die ihm die wichtigste, weil seiner «Eigentümlichkeit» entsprechende war: die Bindung an den Schriftstellerberuf. Freilich sah er sich gerade in seiner Schwäche als starken Repräsentanten seiner Zeit. Vor der zitierten Äußerung über Kierkegaard, das Christentum und den Zionismus spricht er von seinem «Mißlingen» in all den Bereichen, an die seine Bindungskonflikte geknüpft sind: «Familienleben, Freundschaft, Ehe, Beruf, Literatur». Und es heißt dann: «Ich habe von den Erfordernissen des Lebens gar nichts mitgebracht, so viel ich weiß, sondern nur die allgemeine menschliche Schwäche. Mit dieser – in dieser Hinsicht ist sie eine riesenhafte Kraft – habe ich das Negative meiner Zeit, die mir ja sehr nahe ist, die ich nie zu bekämpfen, sondern gewissermaßen zu vertreten das Recht habe, kräftig aufgenommen.» (N2 98)

Was immer hier mit dem Negativen seiner Zeit gemeint sein mag, mit den autobiographischen Darstellungen seiner Bindungskonflikte lieferte Kafka ein vielleicht extremes, aber durchaus repräsentatives Beispiel für die Schwierigkeiten des Subjekts, in dem zunehmend komplexer werdenden Beziehungs- und Bindungsgeflecht moderner Gesellschaften eine auch den eigenen Bedürfnissen entsprechende Identität auszubilden. «Identität» des Ichs meint das ganzheitliche Vermögen, unterschiedlichste soziale Rollenverpflichtungen sowie die Bedürfnisse der eigenen Natur zu integrieren. Je ausdifferenzierter eine Gesellschaft ist, je pluralistischer ihre Normen und Werte sind, je mehr Bindungen der einzelne in seinen vielfältigen Rollenspielen eingeht, um so größer die Anforderungen an die stets gefährdete Identität, sich gegenüber solchen Atomisierungen und Fragmentarisierungen als eine Einheit behaupten zu können.[41] Erheblich erschwert wird dies, wenn bestimmte soziale Anforderungen an das Subjekt sich gegenüber anderen Anforderungen mit Macht durchzusetzen versuchen. An die Stelle zwangloser Integration heterogener Bindungen, einer Art friedlichen Koexistenz, tritt der Kampf zwischen ihnen. Die Ich-Identität ist von Spaltungen bedroht, das Subjekt vom Verschwinden.

Davon handeln Kafkas Werke. Viele von ihnen, vor allem die Romane, sind ähnlich fragmentarisiert wie die Subjekte, von denen sie erzählen. Mit der Niederschrift seiner Lieblingserzählung *Das Urteil* ist es ihm indes geglückt, in einer einzigen Nacht und auf knappem Raum die ganze Komplexität seiner Bindungskonflikte in die «Einheit» eines literarischen Textes zu fügen.

3. *Das Urteil*

«Diese Geschichte ‹das Urteil› habe ich in der Nacht vom 22 bis 23 von 10 Uhr abends bis 6 Uhr früh in einem Zug geschrieben. Die vom Sitzen steif gewordenen Beine konnte ich kaum unter dem Schreibtisch hervorziehn. Die fürchterliche Anstrengung und Freude, wie sich die Geschichte vor mir entwickelte wie ich in einem Gewässer vorwärts kam. [...] Um 2 Uhr schaute ich zum letztenmal auf die Uhr. Wie das Dienstmädchen zum ersten Mal durchs Vorzimmer gieng, schrieb ich den letzten Satz nieder. Auslöschen der Lampe und Tageshelle. Die leichten Herzschmerzen. Die in der Mitte der Nacht vergehende Müdigkeit. Das zitternde Eintreten ins Zimmer der Schwestern. Vorlesung. Vorher das Sichstrecken vor dem Dienstmädchen und Sagen: ‹Ich habe bis jetzt geschrieben.› Das Aussehen des unberührten Bettes, als sei es jetzt hereingetragen worden. Die bestätigte Überzeugung, daß ich mich mit meinem Romanschreiben in schändlichen Niederungen des Schreibens befinde. Nur so kann geschrieben werden, nur in einem solchen Zusammenhang, mit solcher vollständigen Öffnung des Leibes und der Seele.» (T 460 f.)

Die bei Kafka nicht allzu häufige Schilderung von Freude, Zusammenhang, Übereinstimmung mit sich selbst und der Umwelt beim und nach dem Schreiben steht in auffälligem Kontrast zur aufgeschriebenen Geschichte. Sie erzählt von einem höchst prekären und am Ende tödlichen Beziehungsgeflecht, in das sich der junge Kaufmann Georg Bendemann mit seiner Verlobung verstrickt hat. Bendemanns Bindung an seinen Beruf und vor allem an die Verlobte Frieda Brandenfeld löst die Bindung sowohl an einen in Russland lebenden Jugendfreund als auch an seinen Vater. Dass der Name der Verlobten in den Anfangsbuchstaben mit dem Felice Bauers übereinstimmt, gehört zu Kafkas Spiel mit autobiographischen Signalen, doch einer direkten autobiographischen Entschlüsselung widersetzt sich die Geschichte schon dadurch, dass in ihr die Mutter des Protagonisten tot ist und der alte Vater sich aus dem Geschäft weitgehend zurückgezogen hat. Dennoch hat Kafka mit der anfangs realistischen, doch dann zunehmend traumhaften, die Regeln der Wahrscheinlichkeit außer Kraft setzenden Konstruktion der Geschichte unverkennbar seine eigenen Konflikte durchgespielt: der Freund steht für die eigene Schriftstellerexistenz, der Kaufmann für die Bindung an den «Posten» und an die potentielle Ehefrau Felice.

Zu Beginn der Erzählung verschließt Bendemann einen Brief an den Freund, der ihn von der Verlobung informiert. Das Schreiben des Briefes war schwierig, denn schwierig geworden war auch das Verhältnis zum Freund. Er ist in allem das Gegenteil von Bendemann. Dieser ist beruflich erfolgreich, sozial integriert, verlobt, lebt im Elternhaus und ist partiell abhängig vom Vater. Der Freund hingegen ist beruflich erfolglos, arbeitet «sich in der Fremde nutzlos ab», lebt isoliert und richtet sich «für ein endgültiges Junggesellentum ein», hält sich weit entfernt von Bendemann «in der Fremde» auf, versteht «die Verhältnisse in der Heimat nicht mehr» und scheint krank zu werden – aber er hat sich von zu Hause unabhängig gemacht, er «hat seine Eigentümlichkeiten» (wie Bendemann später zum Vater sagt) und ist nicht bereit, durch die Rückkehr in die ihm bereits fremd gewordene Heimat seine Selbständigkeit aufzugeben und sich als ein «altes Kind» den notwendigen Hilfestellungen der Daheimgebliebenen zu unterwerfen.

Die enge Bindung an eine Frau gerät in Konflikt mit der an den Schriftstellerberuf – überführt in die Konstruktion von Kafkas Geschichte, liest sich das so: Georg teilt dem Freund erst nach-

3. «Das Urteil»

träglich und höchst ungern die Verlobung mit. Der Braut wiederum gibt die Existenz dieses Freundes sehr zu denken: «Wenn du solche Freunde hast, Georg, hättest du dich überhaupt nicht verloben sollen.» (DL 48) Georg spricht darauf von «Schuld».

Die folgenden Teile der Erzählung rücken den Vater Georgs in den Mittelpunkt des Geschehens. Der Sohn geht zu ihm und teilt ihm mit, dass er nun doch dem Freund in Petersburg seine Verlobung angezeigt habe. «Wenn er mein guter Freund ist, sagte ich mir, dann ist meine glückliche Verlobung auch für ihn ein Glück. Und deshalb habe ich nicht mehr gezögert, es ihm anzuzeigen. Ehe ich jedoch den Brief einwarf, wollte ich es dir sagen.» (DL 51) Eine zunächst nicht ganz leicht zu verstehende Äußerung. Im Zusammenhang der Geschichte und der damaligen Situation Kafkas besagt sie etwa folgendes: ‹Ich habe mich jetzt zu dem gewagten Versuch entschlossen, die Bindung an den Freund bzw. die Literatur mit der Bindung an eine Ehefrau und den Beruf zu vereinen und möchte dafür das Einverständnis des Vaters haben, um auch die Bindung an das Elternhaus damit nicht zu gefährden.› Der Wille zur zwanglosen Integration unterschiedlicher Bindungen durch schriftliche und mündliche Rede scheitert jedoch an dem Willen väterlicher Macht.

Was in der Geschichte jetzt folgt, ist die Beschreibung eines Kampfes zwischen Vater und Sohn – eines Familienkampfes, der zum Teil offen, zum größeren Teil aber unter dem Schein von Fürsorglichkeit und Liebe geführt wird.

Der Wille des Vaters richtet sich sowohl gegen die Bindung an den Freund (bzw. die Literatur) als auch gegen die Bindung an die Braut. Zunächst will der Vater an die Existenz des Freundes überhaupt nicht glauben und damit einen Teil der Identität seines Sohnes nicht wahrhaben. («Du hast keinen Freund in Petersburg.») Doch der Sohn erinnert ihn daran, dass der Freund vor drei Jahren zu Besuch da war und der Vater ihn damals nicht besonders gern hatte. «Wenigstens zweimal habe ich ihn [das eigene Schreiben!] vor dir verleugnet, trotzdem er gerade bei mir im Zimmer saß. Ich konnte ja deine Abneigung gegen ihn ganz gut verstehn, mein Freund hat seine Eigentümlichkeiten.» (DL 54)

Der Widerwille des Vaters gegen die Bindung des Sohnes an die Braut ist nicht zuletzt sexuell motiviert: «Weil sie die Röcke gehoben hat, [...] hast du dich an sie herangemacht.» (DL 57) Im *Brief an den Vater* kommentiert dieser die Heiratsabsicht des Sohnes mit den Worten: «Sie hat wahrscheinlich irgendeine ausgesuchte Bluse angezogen, wie das die Prager Jüdinnen verstehn und daraufhin hast Du Dich natürlich entschlossen sie zu heiraten.» (N2 205) Zur Durchsetzung seines Willens scheut der Vater im *Urteil* nicht vor den größten Widersprüchen zurück. Hatte er eben noch die Existenz des Freundes gänzlich bezweifelt, so behauptet er nun: «Wohl kenne ich deinen Freund. Er wäre ein Sohn [!] nach meinem Herzen.» (DL 56) Und später: «Ich war sein Vertreter hier am Ort.» (DL 57) Der Macht kommt es auf Wahrheit nicht an, sie behauptet, was der Durchsetzung ihres Willens gerade nützt. Den vormals wenig geschätzten Freund erklärt der Vater deshalb zum Verbündeten, weil dieser wie er selbst der Bindung Georgs an eine Braut entgegensteht.

Die Hinweise auf Ähnlichkeiten der im *Urteil* vorgeführten Bindungskonflikte mit Kafkas eigenen mögen nicht missverstanden werden. Diese Erzählung ist weniger eine Verschlüsselung, sondern eher eine Verallgemeinerung persönlicher Konflikte. Es geht auch in diesem Text wieder um den Grundkonflikt zwischen dem Eigenen und dem Fremden, um die Frage nach der Möglichkeit einer Befreiung des Subjekts von erdrückenden Machtansprüchen anderer. Die literarische Phantasie Kafkas hat im *Urteil* zwei verschiedene Möglichkeiten der Emanzipation von Macht durchgespielt. Die eine verkörpert der Freund, eine Art verlorener Sohn, der, «mit seinem Fortkommen zu Hause unzufrieden, vor Jahren schon nach Rußland sich förmlich geflüchtet hatte.» (DL 43) Seine Rückkehr nach Hause wäre eine Rückkehr in alte Abhängigkeiten. – Die andere Möglichkeit führt der zur Heirat entschlossene Kaufmann vor. Im *Brief an den Vater* schrieb Kafka später: «Die Heirat ist gewiß die Bürgschaft für die schärfste Selbstbefreiung und Unabhängigkeit. Ich hätte eine Familie, das Höchste, was man meiner Meinung nach erreichen kann, also auch das Höchste, das Du erreicht hast, ich wäre Dir ebenbürtig, alle alte und ewig neue Schande und Tyrannei wäre bloß noch Geschichte.» (N2 209.) Im *Urteil*, dessen Niederschrift von «Gedanken an Freud» (T 215) begleitet war, artikuliert sich diese Emanzipationsphantasie in Beschreibungen eines ödipalen Machtkampfes. Georg Bendemann setzt sich an die Stelle des alternden Vaters. Ein Tausch der Positionen in der familiären Machthierarchie vollzieht sich. Der Vater hat keine Frau mehr, stattdessen hat der Sohn nun eine. (Als ödipale Phantasie mit all ihren Verschiebungen gelesen, raubt der Sohn dem Vater die Mutter und heiratet sie.) Hatte der Vater den Sohn vor dem Tod der Mutter im Geschäft «an einer wirklichen eigenen Tätigkeit gehindert», so wird jetzt der Sohn dort zur dominanten Figur. Den Tausch der Positionen inszeniert der Text auch symbolisch: durch einen Wechsel der Zimmer und der Betten. Auf Vorwürfe des Vaters und die Frage, ob der Sohn wirklich einen Freund in Petersburg habe, reagiert Georg nur ausweichend und zeigt sich, statt zu antworten, besorgt um dessen Gesundheit: «Ich werde den Arzt holen und seine Vorschriften werden wir befolgen. Die Zimmer werden wir wechseln, du wirst ins Vorderzimmer ziehen, ich hierher. [...] Aber das alles hat Zeit, jetzt lege ich dich noch ein wenig ins Bett, du brauchst unbedingt Ruhe. Komm, ich werde dir beim Ausziehen helfen, du wirst sehen, ich kann es. Oder willst du gleich ins Vorderzimmer gehen, dann legst du dich vorläufig in mein Bett.» (DL 53) Der Vater wird zum Kind, der Sohn zum Vater: Georg zieht ihn aus und trägt ihn auf seinen Armen ins Bett. Und er sorgt sich darum, dass der Vater dort gut «zugedeckt» ist.

Die Macht des Vaters scheint stillgelegt. Die Worte, die jetzt zwischen ihm und dem Sohn gewechselt werden, bekommen eine spannungsgeladene, unheimliche Zweideutigkeit. «Bin ich gut zugedeckt?» fragt der Vater. «Sei nur ruhig, du bist gut zugedeckt», antwortet der Sohn. (DL 55) Kafkas Geschichte nimmt an dieser Stelle eine abrupte Wendung. Der versteckte Machtkampf wird nun ganz offen geführt. «Nein!» ruft der Vater, wirft die Decke zurück, steht aufrecht im Bett und insistiert auf seinem alten Machtanspruch. «Du wolltest mich zudecken, das weiß ich, mein Früchtchen, aber zugedeckt bin ich noch nicht.» (DL 56) Der Vater erhebt offene Anklage gegen den

Sohn, und der wiederum reagiert darauf mit Versuchen, den Vater lächerlich erscheinen zu lassen, und mit unverhüllten Todeswünschen. «‹Jetzt wird er sich vorbeugen›, dachte Georg, ‹wenn er fiele und zerschmetterte!›» (DL 58) Der Fortgang der Geschichte bewahrheitet, was der Vater von sich behauptet: «Ich bin noch immer der viel Stärkere.» (DL 58) Am Ende seiner Anklagen steht die Verkündung des Urteils: «Und darum wisse: Ich verurteile dich jetzt zum Tode des Ertrinkens!» (DL 60)

Die Worte der Macht ergreifen Besitz vom Körper des Sohnes. Er vollstreckt das Urteil an sich selbst. Von einer ichfremden Gewalt, von der ins eigene Innere eingedrungenen Autorität, «fühlte» Georg «sich aus dem Zimmer gejagt», «zum Wasser trieb es ihn», auf der Brücke «rief er leise: ‹Liebe Eltern, ich habe euch doch immer geliebt›, und ließ sich hinabfallen.» (DL 61)

In allen drei Geschichten, die Kafka unter dem Titel *Söhne* vereint haben wollte, enden die verdeckten oder offenen Wünsche nach Selbstbefreiung mit ihrer Unterwerfung unter die Instanzen patriarchalischer Macht. In allen drei Geschichten werden die gleichen Bindungskonflikte durchgespielt: Mit seiner Verwandlung löst Gregor Samsa die Bindung an den Beruf und an die Familie. Der junge Karl Roßmann lässt sich von einem Dienstmädchen verführen und verliert dadurch die Bindung an das Elternhaus. Die neue Bindung an den Freund, den Heizer, wird durch die Familienbindung an den Onkel aufgelöst. Der Heizer selbst löst die Bindung an seinen Beruf; in einem Akt der Rebellion will er kündigen; am Schluss wird ihm der Prozess gemacht.

In allen drei Geschichten werden die zwanghaften Familienbindungen durch eine tyrannische Form von «Liebe» aufrechterhalten, die das individuelle Subjekt im wörtlichen Sinn verschwinden lässt. Im *Urteil* verschärft der Vater seinen Druck auf den Sohn mit dem Satz: «Glaubst du, ich hätte dich nicht geliebt, ich, von dem du ausgingst?» (DL 58) Ähnlich wie in der *Verwandlung* kann der Sohn hier diese Liebe nur erwidern und die Bindung an die Eltern wieder herstellen, indem er sich dem väterlichen Urteil mit Leib und Seele unterwirft.

Vor allem im *Urteil* beschränken sich Kafkas literarische Macht- und Abhängigkeitsanalysen noch fast ganz auf den Familienbereich. Nur mit wenigen unscheinbaren Signalen öffnet sich die Erzählung auch zu politischen und religiösen Assoziationsräumen. Vom Freund heißt es zum Beispiel, er habe «unglaubliche Geschichten von der russischen Revolution» (DL 54) erzählt. Der Versuch zur Befreiung von einer überalterten, brüchig gewordenen, so widersprüchlichen wie willkürlichen und lächerlichen Machtinstanz in der Familie bekommt damit auch politische Bedeutungsaspekte. Als Georg am Ende an seiner Bedienerin vorbei aus dem Haus eilt, ruft diese erschreckt: «Jesus!» Die Geschichte eines Sohnes, der sich in seinem Einverständnis mit dem Todesurteil dem Willen des Vaters unterordnet, provoziert damit auch zu religiösen oder religionskritischen Überlegungen.

In Kafkas späteren Werken hat die Familienthematik nicht mehr die Dominanz wie in den Geschichten aus der Zeit seines literarischen Durchbruchs. Die im Oktober 1914, im dritten Kriegsmonat, geschriebene Erzählung *In der Strafkolonie* wollte Kafka zusammen mit dem *Urteil* und der *Verwandlung* unter dem Titel *Strafen* veröffentlichen. Doch schon aus dieser Erzählung ist die Familie verschwunden. In der gleichen Zeit arbeitete Kafka am *Prozess*, und im gleichen Monat schrieb er das letzte Kapitel des Romanfragments *Der Verschollene*, dem Max Brod später den Titel *Das Naturtheater von Oklahoma* gab. Was als eine Art Familien- und Erziehungsroman begann, mündet hier ein in die Darstellung eines gewaltigen bürokratischen Systems. Die dabei geschilderten Werbekampagnen («Wir können alle brauchen.»), Aufnahmerituale und Menschentransporte für «das größte Theater der Welt» haben frappierende Ähnlichkeiten mit der Mobilmachungsszenerie im August 1914.[42] Von der «Truppe» redet man denn auch in dem Kapitel immer wieder. Es ist, als habe der Erste Weltkrieg mit einem Male den Horizont von Kafkas Schreiben erweitert. Zwar bleiben die alten Konflikt- und Handlungsmuster mit den Zusammenhängen von Auflehnung und Unterwerfung, Schuld und Strafe bestehen, aber an die Stelle des Vaters und der Familie tritt die verästelte

Macht von Richtern, Führern, Personalchefs, Offizieren, Kommandanten oder Aufsehern, von Kanzleien, Akten oder Maschinen – und das in einer Zeit, in der Kafka nichts so sehr bedrängte wie sein Verhältnis zu Felice Bauer.

4. Ferne Frauen – Briefverkehr mit Felice Bauer

In der *Verwandlung* ist die Schwester eine Zeitlang die Figur, die Gregor Samsa am nächsten steht. Sie allein darf in sein Zimmer kommen, und sie ist es, die ihm die Nahrung bringt. In Samsas Wünschen ist sie eine Frau, mit der er in und trotz seiner Außenseiterexistenz zusammenleben könnte. Stark angezogen fühlt er sich von ihrem Violinspiel. «War er ein Tier, da ihn Musik so ergriff? Ihm war, als zeige sich ihm der Weg zu der ersehnten unbekannten Nahrung. Er war entschlossen, bis zur Schwester vorzudringen, sie am Rock zu zupfen und ihr dadurch anzudeuten, sie möge doch mit ihrer Violine in sein Zimmer kommen, denn niemand lohnte hier das Spiel so, wie er es lohnen wollte. Er wollte sie nicht mehr aus seinem Zimmer lassen, wenigstens nicht, solange er lebte; [...] die Schwester aber sollte nicht gezwungen, sondern freiwillig bei ihm bleiben [...], und er wollte ihr dann anvertrauen, daß er die feste Absicht gehabt habe, sie auf das Konservatorium zu schicken [...]. Nach dieser Erklärung würde die Schwester in Tränen der Rührung ausbrechen, und Gregor würde sich bis zu ihrer Achsel erheben und ihren Hals küssen, den sie, seitdem sie ins Geschäft ging, frei ohne Band oder Kragen trug.» (DL 185 f.)

Das ist eine Wunschphantasie, die eine menschliche Bindung durch Kunst und Erotik zugleich ersehnt, auch eine inzestuöse Phantasie. Sie hat autobiographische Entsprechungen in Kafkas Verhältnis sowohl zur jüngsten Schwester Ottla als auch zu Felice Bauer, die er drei Monate vor Beginn der Arbeit an der *Verwandlung* kennengelernt hatte. Es gibt eine Traumaufzeichnung Kafkas, in der er die Schwester als Ehefrau phantasiert und dann durch Felice ersetzt. Das Wort «Ehe» hat Kafka im übrigen in Äußerungen über seine Beziehung zu Ottla wiederholt gebraucht: «Mit Ottla lebe ich in kleiner guter Ehe» (Br 165), meinte er einmal, und als diese ihre Heirat ankündigte, schrieb er ihr in einem die inzestuöse Bindung humorvoll überspielenden Ton: «Wir konnten einander nicht heiraten, das wäre abscheulich gewesen. Da du aber besser zum Heiraten geeignet bist als ich, heirate du für uns beide, und ich bleibe für uns beide ledig.»[43]

Kafkas Verhältnis zu Felice scheint von seiner Schwesterbeziehung mit präformiert zu sein. Sie ist durchaus gekennzeichnet von erotischem Begehren, zugleich aber auch von einer geradezu panischen (Inzest-)Angst vor der geschlechtlichen Vereinigung. Am 14. August 1913 schreibt er ins Tagebuch den furchtbaren Satz: «Der Coitus als Bestrafung des Glückes des Beisammenseins.» Und er fügt hinzu: «Möglichst asketisch leben, asketischer als ein Junggeselle, das ist die einzige Möglichkeit für mich, die Ehe zu ertragen. Aber sie?» (T 574 f.) Die vielen Erinnerungsbruchstücke an die eigene Erziehung, die Kafka hinterlassen hat, umfassen auch seine «Aufklärung» und die ersten sexuellen Erfahrungen. Dass Sexualität für ihn so eng mit «Schmutz» assoziiert war, hat er selbst im *Brief an den Vater* damit erklärt, dass dieser ihm, dem ungefähr sechzehnjährigen Jungen, auf entsprechende Fragen hin geraten habe, in ein Bordell zu gehen. Das allein war freilich noch nicht so bemerkenswert. Kafkas analytische Erinnerungsarbeit geht weiter, und er macht auch in diesem Zusammenhang seinen Fall zum Beispiel für die deformierende Widersprüchlichkeit patriarchalischer Macht. «Das, wozu Du mir rietest, war doch das Deiner Meinung und gar erst meiner damaligen Meinung nach schmutzigste, was es gab.» (N2 203) Dass der Vater auch in diesem Fall außerhalb seines Rates blieb, als «ein Ehemann, ein reiner Mann, erhaben über diese Dinge», erschien Kafka besonders symptomatisch. Die Doppelmoral des Vaters war die seiner Zeit, und sie entsprach jenen Doppelungen der Frauenbilder in animalische Sexualwesen und reine Heilige, die damals überall kursierten und so auch in Kafkas Leben und Werk deutliche Spuren hinterließen. Nicht zuletzt davon war auch sein Verhältnis zu Felice, das nur ein einziges Mal, 1916 in Marienbad, zu einem ‹Verhältnis *mit* ihr› wurde, geprägt.

Am 13. August 1912 begann es, dieses sich über fünf Jahre hinziehende, tragikomische Beziehungsdrama, aus dessen Beschreibung Elias Canetti später einen erhellenden Essay gemacht hat. Kafka sah die Berliner Prokuristin (in einer Firma für Diktiergeräte und Parlographen) einen Abend lang im Elternhaus von Max Brod. Dass er viel an F. B. gedacht habe, notierte er zwei Tage später ins Tagebuch. Doch erst nach fünf Wochen, am 20. September, schrieb er ihr den ersten Brief. Die Dynamik der zunächst so zögernd und dann umso exzessiver aufgenommenen Briefbeziehung war beherrscht von dem Konflikt zwischen Schriftstellerexistenz und Existenz als Ehemann und Berufstätiger. Die Unvereinbarkeit von beidem hat Kafka stets gefürchtet und in immer neuen Variationen begründet, doch die Vereinbarkeit durchaus erhofft.

Die Konstellation an jenem Abend kam solchen Hoffnungen in idealer Weise entgegen. Denn sie stand im Zeichen von Literatur. Die Begegnung fand statt in einem Haus, in dem Literatur nicht wie bei den eigenen Eltern verpönt war. Zudem hatte Kafka das Manuskript seines ersten Buches dabei, eine Zusammenstellung aus seiner frühen Kurzprosa, die dann im Dezember 1912 unter dem Titel *Betrachtung* im Rowohlt Verlag erschien. Kafka konnte sich Felice also von Anfang an in der Rolle zeigen, die ihm die wichtigste war und um deren Anerkennung durch andere er stets kämpfte. Dass sie an jenem Abend sagte, das Abschreiben von Manuskripten mache ihr Vergnügen, und Max Brod bat, ihr seine Arbeiten zu schicken, dass sie auf dem Weg zu einer Hochzeit (ihrer Schwester in Budapest) war und dass sie, eine Jüdin und Zionistin, per Handschlag versprach, mit Kafka im nächsten Jahr eine Palästinareise zu machen, das alles gehört mit zum vielversprechenden Anfang dieser Beziehung.

Das gewaltige Ausmaß des Briefverkehrs, den Kafka am 20. September mit Felice Bauer aufnimmt, verdankt sich ihrer körperlichen Abwesenheit. Die durch sie gegebene Verbindung aus menschlicher Nähe und Distanz wurde für Kafka zur einigermaßen erträglichen und daher fast idealen Bedingung einer literarischen Existenz. Nur in dieser prekären Balance überhaupt ließ sich ein Liebesverhältnis so lange aufrechterhalten, das Kafka mit dem Satz charakterisierte: «Ich kann mit ihr nicht leben und ich kann ohne sie nicht leben.» (Br2 286) Über siebenhundert Druckseiten umfassen seine Briefe in der heute vorliegenden Ausgabe. Die Hälfte davon stammt aus einer Zeit von sieben Monaten, in denen sich die beiden nach ihrer ersten Begegnung nicht ein einziges Mal wiedergesehen haben.

Das Briefeschreiben rückte an die Stelle des Tagebuchschreibens. Aber ganz so monologisch, wie man behauptet hat, sind diese Briefe nicht. Wie sein gesamtes Schreiben sind sie von jenem Wunsch nach menschlicher Kontaktaufnahme geprägt, den Kafka später in einem Brief an Brod in das prägnante Bild fasste: «Dieses ganze Schreiben ist nichts als die Fahne des Robinson auf dem höchsten Punkt der Insel.» (Br 392) Die inselhafte Isolation erklärte Kafka immer wieder zur Grundbedingung seines Schreibens, eines Schreibens, das diese Isolation zugleich wieder aufzubrechen versuchte. Dieses paradoxe und ambivalente Nebeneinander von gewünschter Selbstisolation und jener Gemeinschaftssehnsucht, die ein dominantes Motiv des ganzen Expressionismus ist, bildet nicht nur ein zentrales *Thema* seines gesamten Werkes (die Briefe eingeschlossen), es ist auch charakteristisch für die *Art* seines Schreibens. Mit seiner oft dunklen Hermetik verschließt es sich dem Leser und will ihn doch gleichzeitig erreichen.

Antworten auf das, was er schrieb, hat Kafka stets erwartet. Und wie er darauf gewartet hat! Zu den zahllosen Ängsten, von denen seine Person und sein Werk geprägt sind, gehören die geradezu traumatischen Phantasien, ein an ihn abgeschickter Brief könnte nicht ankommen. Gesucht hat er in den Antworten auf seine Briefe an Felice Bauer vor allem die Anerkennung seiner Identität als Schriftsteller – wie K. im *Schloss*-Roman die Bestätigung seiner Identität als Landvermesser sucht. Mit den literarisch oft großartigen Briefen nach Berlin versucht er eine ferne Frau zu gewinnen, die ihn liebt, und zwar vorrangig als einen Schriftsteller. Diese Briefe sind nicht zuletzt auch literarische Potenzbeweise eines Autors, dem die Anerkennung durch die literarische Öffentlichkeit noch weitgehend versagt geblieben war.

Um so größer war die Enttäuschung über das lange Ausbleiben einer Reaktion, nachdem er ihr im Dezember seine erste Buchveröffentlichung zugeschickt hatte. Felice hatte mit dem Band *Betrachtung* offensichtlich wenig anfangen können. Enttäuscht war Kafka auch über den literarischen Geschmack der Freundin. Seine Eifersucht auf andere Männer beschränkte sich auf die von Felice gelesenen und geschätzten Autoren. Über sie gab er vernichtende Urteile ab.

Kafkas schriftliche Anstrengungen, von Felice die Anerkennung seiner Schriftstellerexistenz zu erhalten, nahmen indes noch gänzlich andere Formen an. Die Briefe bekommen den Charakter einer Beichte, stehen unter dem Diktat eines Geständniszwangs: dem Zwang, eigene Schwächen schonungslos offenzulegen, und zwar vornehmlich die Schwächen, die seine eigentümliche Identität als Schriftsteller ausmachen. Man weiß als Leser der Briefe oft nicht recht, wozu diese Litanei von Selbstbezichtigungen mehr dient: ihn, den Schriftsteller, für eine Ehe untragbar erscheinen zu lassen und somit die Ehe zu verhindern oder der potentiellen Ehefrau von vornherein Nachsicht gegenüber schwer erträglichen «Eigenheiten» abzufordern. «Was sagst Du aber liebste Felice zu einem Eheleben, wo, zumindest während einiger Monate im Jahr, der Mann um ½ 3 oder 3 aus dem Bureau kommt, ißt, sich niederlegt, bis 7 oder 8 schläft, rasch etwas ißt, eine Stunde spazieren geht, dann zu schreiben anfängt und bis 1 oder 2 Uhr schreibt. Könntest Du denn das ertragen? Vom Mann nichts zu wissen, als daß er in seinem Zimmer sitzt und schreibt? Und auf diese Weise den Herbst und den Winter verbringen? Und gegen das Frühjahr zu den Halbtoten an der Tür des Schreibzimmers empfangen und im Frühjahr und Sommer zusehn, wie er sich für den Herbst zu erholen sucht? Ist das ein mögliches Leben?» (Br2 217)

Kafka scheint mit den Briefen bei Felice die Garantie zu suchen, dass sie, sollte es zur Ehe kommen, alle seine Schwächen, die mit der Fixierung auf Literatur zu tun haben, akzeptiert. Zwischen den Zeilen steht die Botschaft: ‹Wenn du mich geheiratet hast, wirst du mich akzeptieren müssen, wie ich bin. Denn ich habe dich ja immer wieder gewarnt. Du wolltest es nicht anders. Nicht ich bin schuld, sondern du, wenn es dir in der Ehe mit mir schlechtgeht.› Es ist eine doppelte, widersprüchliche Botschaft. Sie ist von der Art, wie sie Kafka am Verhalten des Vaters und anderer Machtinstanzen immer wieder genau herausgearbeitet und kritisiert hat. Die Familien- und Schizophrenieforschung hat diese Art von Botschaften später mit dem Begriff «double bind» beschrieben. Kafka trieb die recht robuste Berlinerin mit doppeldeutigen Anforderungen in eine schier ausweglose Situation. Seine Botschaften enthielten zwei Appelle, die einander ausschlossen: ‹Heirate mich nicht, denn ich bin für eine Ehe nicht tauglich. Sie macht dich und mich unglücklich! Heirate mich, denn ich kann meine Einsamkeit nicht ertragen!›

Erst Ende März 1913 sieht Kafka die Freundin in Berlin wieder, im Mai ein weiteres Mal, doch jeweils nur für wenige Tage. Mitte Juni schreibt er den Brief, der zum ersten Mal ausdrücklich um ihre Hand bittet. Es dürfte einer der seltsamsten sein, die je zu diesem Zweck geschrieben wurden. Der erste Teil stammt wohl vom 10. Juni. Er führt zunächst ein weiteres Hindernis an, das zwischen ihm und ihr stehen könnte: den Arzt und die eigene Kränklichkeit. Das nimmt sich, bedenkt man die Umstände, unter denen die Beziehung Jahre später endgültig abgebrochen wird, wie eine sich selbst erfüllende Prophezeiung aus. Der Briefteil endet mit den Sätzen «Aber zu langem Zögern ist nicht mehr Zeit, wenigstens fühle ich das so und deshalb frage ich also: Willst Du unter der obigen leider nicht zu beseitigenden Voraussetzung überlegen, ob Du meine Frau werden willst? Willst Du das?» (Br2 208) Zögernder und doppeldeutiger kann eine derartige Frage kaum gestellt werden. So formuliert, lässt sie sich nämlich auch als rhetorische verstehen, der das «Nein» der Antwort selbstverständlich erscheint. Kafka hat an dieser Stelle den Brief abgebrochen und liegen gelassen. Am 16. Juni setzt er ihn fort: «An dieser Stelle habe ich vor einigen Tagen aufgehört und habe es seitdem nicht fortgesetzt. Ich verstehe es sehr gut, warum ich das nicht konnte. Es ist im Grunde nämlich eine verbrecherische Frage, die ich an Dich stelle [...], aber im Widerstreit der Kräfte siegen die, die diese Frage stellen müssen.» (Br2 208 f.) «Verbrecherisch»: Der Schriftsteller Kafka wird sich selbst bald den «Prozess» machen.

Noch im selben Brief, der um Felices Hand anhält, beginnt Kafkas von nun an zäh geführter Kampf gegen die Verlobung. Über mehrere Seiten hinweg zeichnet er ein erschreckendes Bild von seiner Person, das eines beweisen soll: dass er «für den menschlichen Verkehr verloren» und «für das Alleinsein geboren» ist. Aber als ob das als Argument nicht ausreiche, fügt er noch hinzu: «ich komme auch mit mir nicht aus, außer wenn ich schreibe.» (Br2 211) Es folgt die Bilanz: «Nun bedenke, Felice, welche Veränderung durch eine Ehe mit uns vorgienge, was jeder verlieren und jeder gewinnen würde. Ich würde meine meistens schreckliche Einsamkeit verlieren und Dich gewinnen, die ich über allen Menschen liebe. Du aber würdest Dein bisheriges Leben verlieren, in dem Du fast gänzlich zufrieden warst. Du würdest Berlin verlieren, das Bureau, das Dich freut, die Freundinen, die kleinen Vergnügungen, die Aussicht, einen gesunden, lustigen, guten Mann zu heiraten, schöne, gesunde Kinder zu bekommen nach denen Du Dich, wenn Du es nur überlegst, geradezu sehnst. Anstelle dieses gar nicht abzuschätzenden Verlustes würdest Du einen kranken, schwachen, ungeselligen, schweigsamen traurigen, steifen, fast hoffnungslosen Menschen gewinnen, dessen vielleicht einzige Tugend darin besteht, daß er Dich liebt. Statt daß Du Dich für wirkliche Kinder opfern würdest, was Deiner Natur als der eines gesunden Mädchens entsprechen würde, müßtest Du Dich für diesen Menschen opfern, der kindlich, aber im schlimmsten Sinne kindlich ist und der vielleicht im günstigsten Fall buchstabenweise die menschliche Sprache von Dir lernen würde.» (Br2 211 f.)

Auch den Vater von Felice gedachte Kafka bald mit solchen Argumenten zu traktieren, um in ihm einen Verbündeten im Kampf gegen die Verlobung zu gewinnen. In einer Tagebuchaufzeichnung vom 21. August 1913, die zu Beginn über die Lektüre Kierkegaards berichtet, der ihn wie ein Freund bestätige, entwirft er einen Brief an ihn. Hier steht der schon zitierte Satz: «Mein Posten ist mir unerträglich, weil er meinem einzigen Verlangen und meinem einzigen Beruf, das ist der Literatur, widerspricht.» Der Satz ist in diesem Zusammenhang auch als Warnung zu verstehen, die Tochter einem Mann zu überlassen, dessen Einkommen auf Dauer nicht unbedingt gesichert ist. Als Beispiel für die vollkommene Untauglichkeit zur Ehe beschreibt Kafka weiterhin seine Situation in der Familie: «Nun, ich lebe in meiner Familie, unter den besten und liebevollsten Menschen, fremder als ein Fremder.» Der Grund dafür ist wieder die Bindung an die Literatur: «Alles was sich nicht auf Litteratur bezieht, langweilt mich und ich hasse es, denn es stört mich oder hält mich auf, wenn auch nur vermeintlich. Für Familienleben fehlt mir daher jeder Sinn, außer der des Beobachters im besten Fall. Verwandtengefühl habe ich keines, in Besuchen sehe ich förmlich gegen mich gerichtete Bosheit. Eine Ehe könnte mich nicht verändern, ebenso wie mich mein Posten nicht verändern kann.» (T 581)

Der Briefentwurf an den potentiellen Schwiegervater deutet darauf hin, dass der Kampf um Felice Bauer eine Familienangelegenheit geworden war. Der Dreißigjährige zeigte sich dabei auf beschämende Weise abhängig von den Eltern. Er hat sich jedoch mit der Scham über solche Abhängigkeiten stets auch selbst belastet. Auf Veranlassung seiner Mutter lässt er durch ein Berliner Detektivbüro Nachforschungen über den Ruf der Geliebten anstellen und teilt dieser die Ergebnisse, das Peinliche der Sache mit verkrampfter Lustigkeit überspielend, auch noch mit. (Br2 229) Felice hat es hingenommen; verletzt ist sie indes, als Kafka ihr zwei Tage später, an seinem 30. Geburtstag, mitteilt, er habe in den Wunsch seiner Eltern (vor allem der Mutter) eingewilligt, Erkundigungen über Felices Familie einzuholen. «Ich weiß nicht genau warum, vielleicht aus meinem ständigen Schuldbewußtsein gegenüber meinen Eltern gab ich nach und schrieb der Mutter den Namen Deines Vaters auf.» (Br2 229) Die durch Schuldbewusstsein gefestigte Bindung an die Eltern gerät hier offen in Konflikt mit einer ebenfalls von Schuld geprägten Bindung an Felice. Kafka versteht es freilich sogleich, die Gekränktheit der Geliebten in die Kette seiner Argumente gegen die Ehe einzureihen: «Siehst Du, Felice, schon leidest Du durch mich, es fängt schon an und Gott weiß, wie es enden wird.» (Br2 232)

Im September 1913 ergreift Kafka die Flucht vor der Verlobung durch eine Reise über Wien und Venedig nach Riva. Dort hat er ein zehn Tage währendes Verhältnis mit einer jungen «Schweizerin». Der Briefverkehr mit Felice bleibt sechs Wochen lang unterbrochen und wird erst Ende Oktober wieder aufgenommen. Felice schickt ihre Freundin Grete Bloch als Vermittlerin nach Prag – mit dem Ergebnis, dass Kafka in ihr eine zweite Freundin, vornehmlich wieder eine Brieffreundin, findet und dass sich durch diese neue Bindung die an Felice noch einmal verkompliziert. Seit Oktober 1913 führt Kafka mit Grete Bloch einen intensiven, vertraulichen, ja ungemein herzlichen Briefwechsel.

Über das Verhältnis Kafkas zu Grete Bloch ist viel spekuliert worden. Elias Canetti hat aus dem Briefmaterial eine ziemlich melodramatische Dreiecksgeschichte herausgelesen. Die Briefe, die Kafka ein Jahr vorher an Felice schrieb, richtete er jetzt an Grete Bloch: *Ihr* berichtet er nun alles über sich und will von ihr alles über sie wissen. *Sie* drängt er nun, seine Briefe sofort zu beantworten. Hauptgegenstand dieser Briefe bleibt zwar Felice, doch Grete Bloch verliert ihre bloße Vermittlerrolle zwischen den beiden und wird vom Briefschreiber Kafka zunehmend in die Rolle einer zweiten Geliebten gedrängt.

Vielleicht auf Grund der durch Grete Bloch gewonnenen Distanz zu Felice wagt es Kafka ein zweites Mal, an sie den offiziellen Wunsch nach einer Verlobung zu richten – in einem langen Brief zum Jahreswechsel 1913/14. Nach anfänglich hartnäckigem, doch dann geringer werdendem Widerstand Felices kommt es Ostern 1914 (12./13. April) in Berlin zur inoffiziellen Verlobung. Nach seiner Rückkehr aus Prag schreibt Kafka an Grete Bloch: «Meine Verlobung oder meine Heirat ändert nicht das Geringste an unserem Verhältnis, in welchem wenigstens für mich schöne und ganz unentbehrliche Möglichkeiten liegen.» (Br3 24) Was Kafka in dieser Situation vorschwebt, wird zunehmend utopischer. Die Bindung an Felice Bauer soll nicht nur mit der Bindung an die Literatur, sondern auch mit seiner Bindung an Grete Bloch in Einklang gebracht werden. Kurz vor der offiziellen Verlobung mit Felice in Berlin korrespondiert Kafka mit

Grete Bloch über das Kleid, das sie, Grete, bei der Verlobungsfeier tragen soll – als sei sie die eigentliche Braut. «Verbessern Sie nichts mehr daran, es wird, wie es auch sein mag, mit den, nun mit den zärtlichsten Augen angesehen werden.» (Br3 77) Das schrieb er einen Tag vor der Abreise nach Berlin. Der Verlobungsempfang am 1. Juni 1914 in Anwesenheit der Elternpaare Bauer und Kafka wird für den Autor zur inneren Katastrophe. Kafka vergleicht seine Situation in Berlin mit der Verhaftung eines Verbrechers. Die Bilder, die er dazu notiert, werden den Autor bald noch länger beschäftigen. Am 6. Juni schreibt Kafka ins Tagebuch: «Aus Berlin zurück. War gebunden wie ein Verbrecher. Hätte man mich mit wirklichen Ketten in einen Winkel gesetzt und Gendarmen vor mich gestellt und mich nur auf diese Weise zuschauen lassen, es wäre nicht ärger gewesen. Und das war meine Verlobung.» (T 528 f.)

Am selben Tag schrieb er an Grete Bloch: «Liebes Fräulein Grete, gestern war wieder ein Tag, an dem ich vollständig gebunden war, unfähig mich zu rühren, unfähig, den Brief an Sie zu schreiben, zu dem mich alles drängte, was an mir noch Rest des Lebens war. Manchmal – Sie sind die einzige, die es vorläufig erfährt – weiß ich wirklich nicht, wie ich es verantworten kann, so wie ich bin, zu heiraten.» (Br3 88 f.) Es folgen weitere Briefe, in denen Kafka sie zur Mitwisserin über die zunehmenden Ängste vor der drohenden Ehe macht. Vielleicht hat es Kafka so gewollt, um die Ehe zu verhindern, vielleicht auch wollte Grete Bloch aus Eifersucht, dass nicht sie, sondern Felice seine Braut war, die Ehe scheitern lassen, vielleicht aber auch war sie ihrer Freundin doch so verbunden, dass sie sie warnen wollte: Jedenfalls zeigte sie Felice die vertraulichen Briefe Kafkas und hob die bedenklichen Stellen mit roten Unterstreichungen hervor. Kafka wurde von Felice nach Berlin gebeten. Nach einer feindseligen, anklagenden Auseinandersetzung im «Askanischen Hof» (im Beisein von Grete Bloch und Felices Schwester Erna) wurde am 12. Juli die erst sechs Wochen alte Verlobung wieder aufgelöst. Kafka sprach etwas später im Tagebuch von einem «Gerichtshof im Hotel». Die Klägerin war Felice, die Richterin Grete Bloch, er selbst sagte kein

Wort, verteidigte sich überhaupt nicht, sondern ließ sich widerstandslos verurteilen.

Nach Prag zurückgekehrt, entwirft Kafka die ersten Versuche zur literarischen Bewältigung des Geschehenen. Im Tagebuch vom 29. Juli 1914 steht die Eintragung: «Josef K., der Sohn eines reichen Kaufmanns, ging eines Abends nach einem großen Streit, den er mit seinem Vater gehabt hatte – der Vater hatte ihm sein liederliches Leben vorgeworfen und dessen sofortige Einstellung verlangt – ohne eine bestimmte Absicht, nur in vollständiger Unsicherheit und Müdigkeit in das Haus der Kaufmannschaft, das von allen Seiten frei in der Nähe des Hafens stand. Der Türhüter verneigte sich tief. Joseph K. sah ihn ohne Gruß flüchtig an. ‹Diese stummen untergeordneten Personen machen alles, was man von ihnen voraussetzt›, dachte er. ‹Denke ich, daß er mich mit unpassenden Blicken beobachtet, so tut er es wirklich.›» (T 666 f.) Der Name, der Türhüter und die Vorstellung, unter Beobachtung zu stehen, werden Elemente des *Prozess*-Romans, mit dessen Niederschrift Kafka zwei Wochen später beginnt.

5. Machtapparate der Moderne:
Der Prozess, In der Strafkolonie

Elias Canetti hat in Teilen des *Prozess*-Romans sehr konkrete Parallelen zur Geschichte der Beziehung zwischen Kafka und Felice Bauer gesehen. «War gebunden wie ein Verbrecher», schrieb Kafka über die Verlobungsszenerie in der Wohnung der Familie Bauer. Josef K. wird eines Morgens in einer ihm wohlbekannten Wohnung verhaftet. Zunächst betritt ein fremder Mann, ein «Wächter» mit dem Vornamen Franz, sein Zimmer; bald darauf teilt ein zweiter Wächter ihm im Wohnzimmer der Vermieterin ausdrücklich mit, dass er verhaftet sei. In einem dritten Zimmer der Wohnung findet vor einem höher gestellten «Aufseher» der eigentliche Akt der Verhaftung statt. Es ist das Zimmer des Fräulein Bürstner, einer «Schreibmaschinistin», deren Namen mit dem Anfangsbuchstaben, der Silbenzahl und den Endlauten nicht zufällig an den Felice Bauers anklingt. Bevor Josef K. ihr Zimmer betritt, wird er aufgefordert, sich mit einem festlichen Anzug zu bekleiden: «Es muß ein schwarzer Rock sein». Neben den Wächtern und dem Aufseher sind in dem Zimmer drei junge Leute zugegen, in denen K. später drei Beamte aus jener Bank erkennt, in der er selbst als Prokurist arbeitet. Vom Fenster des gegenüberliegenden Hauses aus beobachten drei Nachbarn den Vorgang.

Gemeinsam sei dem Vorgang der Verlobung und der Verhaftung vor allem auch das Peinliche ihrer Öffentlichkeit, meinte Canetti. «Unter den Anwesenden waren Mitglieder der Familie Bauer, die er wirklich noch nicht kannte; und auch andere ihm fremde Gäste, zum Beispiel der Bruder der Grete Bloch. Andere hatte er vielleicht ein- oder zweimal flüchtig gesehen.»[44] Während das erste Romankapitel also die Verlobung vom 1. Juni 1914 in die Beschreibung einer befremdlichen Verhaftungsszenerie überführt, setzt das letzte Kapitel die sechs Wochen später, am 12. Juli, im Askanischen Hof stattfindende Entlobungsszene in die Schilderung von Josef K.s Exekution um. Wenn Kafka rückblickend vom «Gerichtshof im Hotel» sprach, ist das nur eine von vielen Äußerungen, in denen er seine Situation justiz- und gerichtsmetaphorisch veranschaulichte. Seinen Abschiedsbrief an die Eltern Felices nannte er eine «Ansprache vom Richtplatz». (T 660) Zum Richtplatz in einem Steinbruch lässt sich Josef K. am Ende so schweigend und bereitwillig führen, wie sich Kafka im Askanischen Hof nach eigenen Schilderungen stumm und widerstandslos verurteilen ließ. In «vollem Einverständnis» ziehen die beiden mit Zylinderhüten bekleideten Herren und Josef K. gemeinsam zum Ort der Hinrichtung. Der Gewaltakt wird unter Bewahrung zivilisierter «Höflichkeiten» eingeleitet. «Die Herren setzten K. auf die Erde nieder, lehnten ihn an den Stein und betteten seinen Kopf obenauf. Trotz aller Anstrengungen, die sie sich gaben, und trotz allem Entgegenkommen, das ihnen K. bewies, blieb seine Haltung eine sehr gezwungene und unglaubwürdige.» (Pr 311) Einer der Herren zieht das Fleischermesser aus der Scheide. «Wieder begannen die widerlichen Höflichkeiten, einer reichte über K. hinweg das Messer dem anderen, dieser reichte es wieder über K. zurück. K.

wußte jetzt genau, daß es seine Pflicht gewesen wäre, das Messer, als es von Hand zu Hand über ihm schwebte, selbst zu fassen und sich einzubohren.» (Pr 311) Beschrieben ist in diesen Bildern nicht zuletzt wieder jener Vorgang der Verinnerlichung ichfremder Autorität, der einen so zentralen Aspekt in Kafkas Macht- und Abhängigkeitsanalysen ausmacht. An Grete Bloch schrieb er im Oktober 1914: «Sie saßen zwar im Askanischen Hof als Richterin über mir – es war abscheulich für Sie, für mich, für alle – aber es sah nur so aus, in Wirklichkeit saß ich auf Ihrem Platz und habe ihn bis heute nicht verlassen.» (Br3 105) Das moderne, um Autonomie bemühte Subjekt will sich nicht von anderen anklagen, verurteilen und hinrichten lassen, sondern nur von sich selbst. So verschiebt sich die Abhängigkeit von äußeren Autoritäten zur Abhängigkeit von einer inneren Macht: dem schlechten Gewissen, dem Bewusstsein eigener Schuld. Indem Kafka diesen Prozess, in den er selbst verstrickt war, genau durchschaute, gewann er als Autor ein Maß von befreiender Distanz dazu, die seinen bewusstloseren Helden versagt bleibt.

Im Roman wiederholen sich die Hinweise, dass es sich bei Josef K.s Prozess um keinen «gewöhnlichen» handelt. Und zu den mehrfach angesprochenen Außergewöhnlichkeiten des erzählten Prozesses gehört, dass sich der Angeklagte ihm in gewisser Weise freiwillig unterzieht. «Das Gericht will nichts von Dir», sagt der Gefängniskaplan zu Josef K. «Es nimmt Dich auf wenn Du kommst und es entläßt Dich wenn Du gehst.» (Pr 304) Wem Kafkas literarisches Spiel mit autobiographischen Signalen einigermaßen vertraut ist, der findet im Roman zahlreiche Anhaltspunkte dafür, dass hier von einem Prozess erzählt wird, den Kafka gegen sich selbst führte. Nicht zufällig heißt der Wächter, der zuerst K.s Zimmer betritt (und eine Braut hat), Franz. Und wenn von dem Untersuchungsrichter gesagt wird, er schreibe sehr viel und verfasse spät nachts noch beim Schein der Lampe seine Berichte über Josef K., dann verleiht der Autor ihm Eigenarten *seiner* Schriftstellerexistenz. Noch das engbeschriebene «Heftchen» (ein «Schuldbuch»), das der Untersuchungsrichter im Verfahren gegen K. vor sich liegen hat, gleicht den Quart-

oder Oktavheften, in die Kafka seine Notizen und Werke zu schreiben pflegte.

Man kann die autobiographischen Bezüge des Romans noch sehr viel genauer und umfassender herausarbeiten, als es Canetti getan hat. Dass K. zum Beispiel am 30. Geburtstag verhaftet und am Vorabend seines 31. Geburtstags hingerichtet wird, deckt sich mit markanten Einschnitten in Kafkas Verhältnis zu Felice.[45] Wichtiger indes als solche Parallelen im Detail sind die Ähnlichkeiten der im Roman dargestellten Bindungskonflikte mit Kafkas eigenen. Der Onkel wirft Josef K. vor, durch die Verstrickung in den Prozess die verwandtschaftlichen Bindungen zu vernachlässigen. Vor allem aber die berufliche Tätigkeit des Bankbeamten lässt sich auf Dauer nicht mit seiner Prozessführung vereinbaren. Gerade die zu seiner Verteidigung geplante «Eingabe», eine aufwendige Darstellung und Rechtfertigung des bisherigen Lebens (ein Bild für Kafkas eigenes autobiographisches Schreiben), ist gegenüber den beruflichen Verpflichtungen kaum zu verantworten. Von der Prozessführung wiederum wird K. durch sein Verhältnis mit Leni abgehalten.

Kafkas literarische Autobiographik führt jedoch auch im *Prozess*-Roman weit über die Darstellung seiner persönlichen Konflikte hinaus. «Was mir geschehen ist», sagt K. vor der Öffentlichkeit des Untersuchungsgerichts, «ist ja nur ein einzelner Fall und als solcher nicht sehr wichtig, da ich es nicht sehr schwer nehme, aber es ist das Zeichen eines Verfahrens wie es gegen viele geübt wird. Für diese stehe ich hier ein, nicht für mich.» (Pr 64) Das liest sich wie eine programmatische Erklärung des Autors zu den repräsentativen Ansprüchen der eigenen Selbstdarstellungen. Neben den autobiographischen Signalen enthält der Roman denn auch eine Fülle von Anspielungen, mit denen der persönliche Kampf Josef K.s mit den Gerichtsinstanzen in die allgemeine Auseinandersetzung mit der brüchig gewordenen Autorität jüdischer, christlicher und philosophischer Traditionen eingeht.[46] Vor allem aber verselbständigt sich die ausgeweitete Justiz- und Gerichtsmetaphorik, die Kafka zur Veranschaulichung zwischenmenschlicher und psychischer Konflikte schon vorher gern benutzte, und entfaltet ein die autobiographische Bedeutung transzendierendes und dabei ganz zeitbezogenes Eigenleben. Mit der im August 1914 begonnenen Arbeit am *Prozess* trat Kafka in ein Stadium seines Schreibens ein, in dem er die im *Urteil* und in der *Verwandlung* noch ganz direkt dargestellten Familien- und Bindungskonflikte in außerfamiliäre Bereiche hineinprojizierte und dadurch die Stilisierung des Persönlichen ins Allgemeine weiter vorantrieb. Vater und Mutter (auch die Schwester) verschwinden aus dem Text; sie werden vom Autor ersetzt durch anonymere Instanzen der Macht, durch einen bürokratischen Apparat. Zur Hilfe kamen Kafka dabei ausgerechnet die Erfahrungen, die er in seinem verhassten «Posten» machen konnte.

Obwohl der Beamte Kafka beim Eintritt in die Prager «Arbeiter-Unfall-Versicherungs-Anstalt für das Königreich Böhmen» von ehrgeizigen Karriereabsichten frei war, obwohl ihn bei einer Beförderung in Anwesenheit seines Vorgesetzten ein zwanghafter Lachanfall überkam, blieb er in seiner Beamtenlaufbahn wie schon in der des Schülers keineswegs der ewige Versager, zu dem er sich so oft stilisierte. Der Aushilfsbeamte wurde zum Concipisten, zum Vice-Sekretär, schließlich zum Obersekretär und Bevollmächtigten der Versicherungsanstalt. In dieser Position unterstand er unmittelbar dem Direktor – bis zur vorzeitigen Pensionierung im Jahr 1922.

Obwohl Kafka die berufliche und die literarische Existenz stets als strikte, einander behindernde Gegensätze darstellte, ist sein literarisches Schreiben stilistisch und inhaltlich von den Berufserfahrungen in nicht zu unterschätzendem Maße geprägt. Ohne sie, also in der relativ erfahrungslosen Existenz des freien Schriftstellers, wäre er vermutlich nicht der bedeutende Autor geworden, der er ist. Der Schriftsteller Kafka kann den Beamten nicht verleugnen. Die Beamtenwirklichkeit von Akten, Schriftstücken, Eingaben, Gesetzestexten, Einsprüchen, Statistiken und Bilanzen ist vielfach auch die seiner literarischen Wirklichkeit. Schriftsteller war er im übrigen auch als Beamter. Genaueres weiß man darüber seit der Veröffentlichung seiner *Amtlichen Schriften*.[47]

Zu Kafkas Aufgaben gehörte es, die versicherten Betriebe aufgrund komplizierter Regeln in bestimmte «Gefahrenklassen» einzustufen. Die Prager Arbeiter-Unfall-Versicherungs-Anstalt war im technisch entwickeltsten Gebiet der Doppelmonarchie tätig und erfasste ein Drittel der österreichischen Industriearbeit. Kafka arbeitete an einem Ort, der ihn wie kaum einen anderen Schriftsteller seiner Generation mit den sozialen Spannungen und den Modernisierungsfolgen in der damaligen Zeit konfrontierte. Die Versicherungsanstalt wurde zum Schauplatz eines Krieges aller gegen alle: eines Krieges der Industriebetriebe untereinander, die jeweils nachzuweisen versuchten, dass die Unfallgefahr in ihnen überschätzt werde, und eines Krieges zwischen Arbeit und Kapital, in dem die Arbeiter ständig die unzulänglichen Leistungen der Unfallversicherungen anklagten. Kafka selbst definierte die Versicherung als Mittler zwischen den Interessen der Arbeiter und denen der Unternehmer. «Wenn», so schrieb er 1908, im ersten Jahr seiner Anstellung, «den Interessen der Arbeiter [Schutz möglichst vieler Arbeiter, Entschädigung möglichst vieler Unfälle] und den Interessen der Unternehmer [möglichst niedrige Beiträge durch gerechte Verteilung auf möglichst viele Unternehmer] entsprochen sein wird, dann wird auch dem Interesse der Anstalt entsprochen sein. Sie wird dann nicht mehr offener und heimlicher Feindseligkeit auf beiden Seiten begegnen, wie dies leider heute oft geschieht, da man sich gewöhnt hat, die Anstalt als Urheberin aller Mißstände des Unfall-Versicherungswesens anzusehen, während sie doch nur schuldlose Repräsentantin eines vielleicht unzureichenden, in diesem Falle überdies unzureichend interpretierten Gesetzes ist. So kann auch in diese besondere Angelegenheit der Werkstattversicherung nur eine authentische Gesetzesinterpretation Ordnung bringen.» (AS 138)

Die Sätze stehen in der Zusammenfassung eines langen Berichts über den *Umfang der Versicherungspflicht der Baugewerbe und der baulichen Nebengewerbe*. Der Bericht war Kafkas Debüt als Versicherungsschriftsteller. Kafka hob zwar stets sein «schreckliches Doppelleben» als Schriftsteller und Versicherungsbeamter hervor, doch waren beide Tätigkeitsbereiche durchaus miteinander verflochten. Sein schriftstellerisches Können hat ihm im Büro genutzt und auf Anhieb Anerkennung eingebracht. Sogleich nach der Einstellung wurde er mit entsprechenden Arbeiten betraut. Und noch bevor er als Schriftsteller in der literarischen Öffentlichkeit anerkannt war, war er es in der Versicherungsanstalt – als Verfasser von Schriftsätzen und Referaten. Ein Schreiben von 1910 umreißt seinen Aufgabenbereich so: «Correspondenz; Beäußerung und Abfassung von Einwendungen, Rekursen und Beschwerden; Abfassung von Berichten aller Art.» (Br1 124) Was Kafka da geschrieben hat, ist geprägt von einer juristischen Redeordnung, deren Sprache und Themenbereiche ihrerseits seine literarische Arbeit deutlich prägen. In Kafkas erster Arbeit als Versicherungsschriftsteller von 1908 taucht schon auf, was die literarischen Arbeiten erst später thematisieren: die Widersprüchlichkeit, die Vieldeutigkeit, die Unergründlichkeit der Gesetze. Mit seinem Debüt als Versicherungsschriftsteller beginnt Kafkas schriftliche Reflexion *Zur Frage der Gesetze*, wie der von Max Brod stammende Titel eines seiner kurzen Prosastücke aus dem Nachlass lautet. In ihm stehen die Sätze «Die Gesetze sind ja so alt, Jahrhunderte haben an ihrer Auslegung gearbeitet, auch diese Auslegung ist wohl schon Gesetz geworden, die möglichen Freiheiten bei der Auslegung bestehen zwar immer noch, sind aber sehr eingeschränkt.» (N2 270) Der Text stammt von 1920. Zwölf Jahre vorher spricht Kafkas juristischer Bericht von der «Deutung» oder «Auslegung des Gesetzes», von der «rasch wechselnden Interpretation» der einschlägigen Gesetzesstelle. «Die ursprüngliche Interpretation des Gesetzes, festgelegt in Ministerialverordnungen, in Ministerialerlässen, in Ministerialentscheidungen, in Erkenntnissen des Verwaltungsgerichtshofes, wurde durch ein scharf logisch gebautes Erkenntnis des Verwaltungsgerichtshofes im Jahre 1906 widerlegt, kehrt jedoch in den neuen Erkenntnissen des Verwaltungsgerichtshofes wieder.» (AS 108) So heißt es da beispielsweise. Dass «nicht nach Grundsätzen vorgegangen werden (dürfe), deren man nicht sicher war», wird konstatiert und eine «authentische Gesetzesinterpretation» verlangt.

Mit den Begriffen des «Gesetzes» und der «Gesetzesinterpretation» sind Denk- und Darstellungsweisen verknüpft, die (wie beispielhaft die Auslegung der Legende *Vor dem Gesetz* im *Prozess* zeigt) in der Erwägung diffuser Tatbestände, in der Deutung nur scheinbar deutlicher Nachrichten sich geradezu ausschweifend entfalteten. Damit sind charakteristische Merkmale von Kafkas literarischer Prosa benannt, die von der Ordnung juristischer Diskurse, mit der Kafka täglich umging, präformiert war.

Maßnahmen zur Unfallverhütung ist ein Aufsatz Kafkas von 1910 betitelt. Die Probleme der Unfallverhütung gehörten zu diesem Zeitpunkt zu seinen wichtigsten Aufgabenbereichen. Dabei setzte er sich auch detailliert mit dem Funktionieren sicherheitsgeschützter Hobel- und Fräsmaschinen auseinander. Deren Beschreibung nimmt sich wie eine Vorübung zu jenen genauen Schilderungen aus, mit denen in der *Strafkolonie* dem Leser der Mechanismus des Strafapparats vor Augen geführt wird. Die Maschinisierung der proletarischen Arbeitswelt sowie die Bürokratisierung der Angestellten- und Beamtenwelt sind Aspekte gesamtgesellschaftlicher Modernisierungsprozesse, die von der expressionistischen Moderne immer wieder literarisch aufgegriffen und mit kritischer Distanz geschildert wurden. Doch kaum ein Autor dieser Generation war damit so unmittelbar konfrontiert wie Kafka – übrigens nicht nur durch seinen Beruf, sondern auch durch das Geschäft des Vaters und, seit 1911, durch die Teilhaberschaft an der Asbestfabrik.

Kafkas amtliche Schriften geben Auskunft auch über sein sozialpolitisches Bewusstsein. In der genannten Debütschrift kritisiert er, dass bei wichtigen Entscheidungen «die Stimme der Arbeiterschaft völlig fehlte» (AS 137), spricht in seinem Resümee vom «völligen Mangel an sozialer Einsicht», wogegen keine Aufklärung, sondern nur noch Gesetzeszwang helfe. Wann immer Kafka sich über die Situation der Arbeiter äußert, tut er dies mit einer außerordentlichen sozialen Sensibilität. «Gestern in der Fabrik.» So beginnt eine Tagebucheintragung vom 5. Februar 1912. Gemeint ist die Asbestfabrik. «Die Mädchen in ihren an und für sich unerträglich schmutzigen und gelösten Kleidern, mit den wie beim Erwachen zerworfenen Frisuren, mit dem vom unaufhörlichen Lärm der Transmissionen und von der einzelnen, zwar automatischen, aber unberechenbar stockenden

Maschine festgehaltenen Gesichtsausdruck, sind nicht Menschen, man grüßt sie nicht, man entschuldigt sich nicht, wenn man sie stößt, ruft man sie zu einer kleinen Arbeit, so führen sie sie aus, kehren aber sogleich zur Maschine zurück, mit einer Kopfbewegung zeigt man ihnen ‹wo sie eingreifen sollen, sie stehen in Unterröcken da, der kleinsten Macht sind sie überliefert und haben nicht einmal genug ruhigen Verstand, um diese Macht mit Blicken und Verbeugungen anzuerkennen und sich geneigt zu machen.» Die distanzierte Beobachtung der Arbeiterinnen, die von der Macht der Maschinen und der Besitzenden beherrscht sind, vermeidet das Humanitätspathos der expressionistischen Zeitgenossen, hat aber doch Anteil an deren humanitärem Engagement. Sie «sind nicht Menschen», heißt es. Die Arbeiterinnen werden es erst wieder, wenn es sechs Uhr ist und die Arbeit zu Ende. Dann «sind sie schließlich doch Frauen, können trotz Blässe und schlechten Zähnen lächeln, schütteln den erstarrten Körper, man kann sie nicht mehr stoßen, anschauen oder übersehn, man drückt sich an die schmierigen Kisten, um ihnen den Weg freizumachen, behält den Hut in der Hand, wenn sie guten Abend sagen, und weiß nicht, wie man es hinnehmen soll, wenn eine unseren Winterrock bereithält, daß wir ihn anziehen.» (T 374)

Die Position, die Kafka sich selbst in der beschriebenen Szenerie zuweist, ist die des Teilhabers an der Macht, von der die arbeitenden Frauen abhängig sind, die Position freilich eines von diesen Arbeiterinnen beschämten Machthabers, eines Machthabers mit schlechtem Gewissen. Diese Position, die der realen sozialen Lage Kafkas in der Versicherungsanstalt wie im Familienbetrieb zwischen den Herrschenden und Beherrschten, zwischen den Besitzenden und Besitzlosen entspricht, diese Zwischenposition hat er in seinen persönlichen Äußerungen und in seinem Werk immer wieder veranschaulicht.

Bei der juristischen Bearbeitung der Unfallentschädigungen wurde Kafka mit den Schicksalen einzelner Arbeiter unmittelbar konfrontiert. Da die Verunglückten und Geschädigten keinen Anwalt hatten, kamen sie direkt zu ihm, mit Staublungen oder verstümmelten Gliedmaßen. Max Brod erzählt, dass Kafka ihm mit großen Augen berichtet habe: «Wie bescheiden diese Menschen sind. Sie kommen zu uns bitten. Statt die Anstalt zu stürmen und alles kurz und klein zu schlagen, kommen sie bitten.»[48] Kafkas Werk enthält zahllose Sympathiebekundungen mit rebellischen Akten des Widerstands gegen die Instanzen familiärer, ökonomischer, religiöser oder politischer Macht, doch bleiben die dargestellten Impulse der Auflehnung unentschieden, werden unterlaufen vom Willen, sich mit den Instanzen der Macht zu arrangieren, sich auf ihre Seite zu stellen, an den persönlichen Vorteilen, die sie bieten, teilzuhaben. Mit der selbstkritischen Distanz zu dieser Unentschiedenheit gewinnt er als Autor freilich einen freieren, überlegeneren Standpunkt. Als erlösenden «Trost des Schreibens» bezeichnete Kafka einmal im Tagebuch das «Hinausspringen aus der Totschlägerreihe», und zwar durch «eine höhere Art der Beobachtung», mit der man «unabhängiger» werde. (T 892)

Josef K. wird am Ende des Romans nicht totgeschlagen, sondern erstochen. «‹Wie ein Hund!›, sagte er, es war, als sollte die Scham ihn überleben.» Mit der fast völligen Unterordnung unter die strafende Macht ist er dem Kaufmann Block ähnlich geworden, der zuvor in der hündischen Unterwürfigkeit gegenüber seinem Advokaten ein beschämendes Bild abgegeben hatte: «Das war kein Klient mehr, das war der Hund des Advokaten. Hätte ihm dieser befohlen, unter das Bett wie in eine Hundehütte zu kriechen und von dort aus zu bellen, er hätte es mit Lust getan.» (Pr 265) Josef K. selbst ist von Anfang bis Ende gespalten zwischen unterwürfigen und rebellischen Impulsen. Vom Schlusskapitel abgesehen, dominiert der Wille zur Auflehnung gegen die Macht, und er richtet sich weniger gegen einzelne Personen als gegen die ganze «Organisation»: «Es ist kein Zweifel», sagt K. vor dem Untersuchungsrichter, «daß hinter allen Äußerungen dieses Gerichtes, in meinem Fall also hinter der Verhaftung und der heutigen Untersuchung, eine große Organisation sich befindet. Eine Organisation, die nicht nur bestechliche Wächter, läppische Aufseher und Untersuchungsrichter, die günstigsten Falles bescheiden sind, beschäftigt, sondern die weiterhin jedenfalls eine Richterschaft hohen und höchsten

Grades unterhält, mit dem zahllosen, unumgänglichen Gefolge von Dienern, Schreibern, Gendarmen und andern Hilfskräften, vielleicht sogar Henkern.» (Pr 69) Von der «Korruption der Beamtenschaft» spricht er dann noch, und was mit all dem in Frage steht, ist jenes Phänomen, das im letzten Kapitel des Amerika-Romans, im *Prozess* und vor allem auch im *Schloss* Kafkas erzählte Welt grundlegend geprägt hat: die Bürokratie.

Die Bürokratie gehörte nicht nur zum zentralen Erfahrungsbereich des Versicherungsbeamten, sondern war damals auch ein vieldebattiertes Thema der sozialwissenschaftlichen und literarischen Intelligenz. Zu Kafkas Lebzeiten schrieb Max Weber sein säkulares Werk *Wirtschaft und Gesellschaft*. Vom Idealtypus bürokratischer Herrschaft malte er hier ein Bild aus, das mit den literarischen Bildern in Kafkas Romanen manche Ähnlichkeiten hat: «Wo die Bürokratisierung der Verwaltung einmal restlos durchgeführt ist, da ist eine praktisch so gut wie unzerbrechliche Form der Herrschaftsbeziehungen geschaffen. Der einzelne Beamte kann sich dem Apparat, in dem er eingespannt ist, nicht entwinden. Der Berufsbeamte ist [...] mit seiner ganzen materiellen und ideellen Existenz an seine Tätigkeit gekettet. Er ist nur ein einzelnes, mit spezialisierten Aufgaben betrautes, Glied in einem [...] rastlos weiterlaufenden Mechanismus.» Die Gebundenheit der Masse an das Funktionieren der bürokratischen Organisationen nehme stetig zu. «Die ‹Akten› einerseits und andererseits die Beamtendisziplin, d. h. Eingestelltheit der Beamten auf präzisen Gehorsam innerhalb ihrer gewohnten Tätigkeit, werden damit im öffentlichen wie im privaten Bereich zunehmend die Grundlage aller Ordnung.»[49] Die jüngere Literaturwissenschaft hat ihre Analysen der von Kafka dargestellten Macht- und Abhängigkeitsmechanismen häufig auf einen anderen Experten der Macht in diesem Jahrhundert gestützt, auf Michel Foucault. Vor allem was seine Schrift *Überwachen und Strafen* über die bürokratisierten Disziplinierungstechniken in modernen Gesellschaften ausführt, eignet sich in der Tat vorzüglich dazu, wichtige Aspekte von Kafkas Werk zu kommentieren und auf den Begriff zu bringen. Die «Kontrollmaschinerie», die «um die Menschen einen Beobachtungs-,

Registrier- und Dressurapparat aufgebaut» hat; das engmaschige Überwachungssystem, das nicht mehr durch die körperliche Anwesenheit eines höchsten Machthabers, sondern «durch Angestellte, Aufseher, Kontrolleure, Vorarbeiter sichergestellt» ist; die Macht, die nicht mehr etwas ist, was jemand persönlich besitzt, «sondern eine Maschinerie, die funktioniert»; der kleine «Strafmechanismus», der im Herzen aller Disziplinarsysteme arbeitet und «mit seinen eigenen Gesetzen, Delikten, Sanktionsformen und Gerichtsinstanzen so etwas wie ein Justizprivileg genießt»; die «Mikro-Justiz der Zeit (Verspätungen, Abwesenheiten, Unterbrechungen), der Tätigkeit (Unaufmerksamkeit, Nachlässigkeit, Faulheit), des Körpers (‹falsche› Körperhaltungen und Gesten, Unsauberkeit), der Sexualität (Unanständigkeit, Schamlosigkeit)»[50] – all das, was Foucault hier beschreibt, hat kein literarischer Schriftsteller unseres Jahrhunderts so detailliert, genau und umfassend veranschaulicht wie Franz Kafka. Man sollte ihn deshalb jedoch nicht zum «Propheten» mystifizieren, der die stalinistischen und nationalsozialistischen Formen totalitärer Herrschaft vorausahnte oder die Machtkritik eines Michel Foucault dichterisch vorwegnahm. Kafka war vielmehr «nur» ein ungemein aufmerksamer Beobachter des «Peinlichen» seiner Zeit, und er nahm Anteil an den Debatten, die damals von Max Weber und vielen anderen über die Bürokratisierung der Gesellschaft geführt wurden.

1910 erschien in der *Neuen Rundschau*, die Kafka regelmäßig las, ein Aufsatz von Alfred Weber mit dem Titel *Der Beamte*. Kafka hat den im Prager Kreis um Max Brod hochangesehenen Bruder des heute berühmteren Sozialwissenschaftlers auch persönlich gekannt. Der an der Prager Universität lehrende Alfred Weber war sein «Promotor» zum juristischen Doktor gewesen. Der genannte Aufsatz verstand sich als Warnung vor einem «kommenden bureaukratischen Zeitalter» und als Aufforderung, sich dem «Götzendienst vor dem Beamtentum» zu verweigern. Wie später Foucault oder seinerzeit schon Otto Gross, Georg Heym und viele andere Autoren der expressionistischen Generation orientierte sich Alfred Weber mit seinen machtkritischen Impulsen an Nietzsches vitalistischer Kulturkritik. Die Dynamik des «Lebens» ist es, die der bürokratische Apparat abzutöten droht. Zu sehen ist, «wie sich ein riesenhafter Apparat» in unserem Leben erhebt, wie dieser Apparat die Tendenz besitzt, sich immer weitergehend über früher [...] frei und natürlich gewachsene Teile unsrer Existenz zu legen, sie in seine Kammern, Fächer und Unterfächer einzusaugen [...], wie ein Gift der Schematisierung, der Ertötung alles ihm fremden, individuellen, selbstgewachsenen Eigenlebens dabei von ihm ausstrahlt, wie er an Stelle dessen ein riesenhaftes rechnerisches Etwas setzt».[51]

Dass die Macht der Bürokratie das individuelle «Eigenleben» abtöte, erinnert in der Formulierung an die Wendungen, mit denen Otto Gross die Bedrohungen des «Eigenen» und Kafka die des «Eigentümlichen» im Prozess der Familienerziehung beschrieben. Kafka konnte sich von Alfred Webers Aufsatz darin bestärken lassen, in seinen Darstellungen des Grundkonflikts zwischen dem Eigenen und dem Fremden die familiären Machtinstanzen durch Gerichts-, Bank- oder Schlossbehörden zu ersetzen. Bemerkenswert an den Formulierungen Webers ist indes noch etwas anderes: die Rede vom «Apparat». Ob bei Foucault, Max oder Alfred Weber: wo immer bürokratische Organisationen der Macht beschrieben werden, stellen sich die Metaphern der Maschinen und Apparate ein. Auch noch die Verinnerlichung äußeren Zwanges hat man in dieser Metaphorik verbildlicht: Norbert Elias spricht von der «Selbstzwang-Apparatur», die das Subjekt in modernen Gesellschaften auszubilden hat.[52] Zu Kafkas literarischen Eigenarten gehört es, geläufige Metaphern wörtlich zu nehmen. Wo metaphorisch vom unnützen «Ungeziefer», vom folgsamen «Hund», vom «Gerichtshof» oder vom «Selbstgericht» die Rede ist, greift er es auf und setzt es in konkrete Bilder um.

Mit der Erzählung *In der Strafkolonie*, deren Niederschrift im Oktober 1914 die Arbeit am *Prozess* unterbrach, hat Kafka die metaphorische Rede vom bürokratischen «Apparat» wörtlich genommen. Die nachgewiesenen Übereinstimmungen mit Alfred Webers Aufsatz zeigen es.[53] Der «Apparat», in den die Verurteilten eingespannt werden, ertötet das «Eigenleben» des

Subjekts. Die geringfügigste Abweichung von den (absurden) Vorschriften wird mit der schwersten Strafe geahndet. Der Offizier, der den Apparat hingebungsvoll bedient, pflegt und sich ihm schließlich selbst unterwirft, leistet an ihm einen wahren «Götzendienst» (Weber). Der «Apparat» ist eine riesige Schreibmaschine: «Dem Verurteilten wird das Gebot, das er übertreten hat, mit der Egge auf den Leib geschrieben.» (DL 210) Der Apparat funktioniert, obwohl sein Erfinder längst tot ist, mit Hilfe der kaum entzifferbaren Schriften, die dieser hinterlassen hat. Erst einmal in Gang gesetzt, «arbeitet der Apparat ganz allein». In Kafkas Geschichte vernichtet er sich schließlich selbst.

Die vielen Parallelen zum *Prozess*-Roman weisen darauf hin, dass Kafka auch mit dieser Erzählung jenen Prozess veranschaulicht hat, den er nach der Entlobung von Felice Bauer, dem «Gerichtshof im Hotel», in seinem eigenen Inneren führte. In verschiedene Figuren aufgespalten, stellte er sich selbst dar – verstrickt in ein grauenhaftes, mörderisches Drama von Foltern und Gefoltertwerden, von fragloser Schuld und ebenso fragloser Ungerechtigkeit und Unmenschlichkeit, von Auflehnung, hündischer Unterwerfung oder unentschiedener Beobachtung. Indem Kafka jedoch den inneren Prozess in Szenen umsetzte, die sich in einer der damals real existierenden Strafkolonien ereignen, verband er seine Selbstdarstellungen mit justizkritischen Darstellungen des «Peinlichen» seiner Zeit. Dazu gehörten nicht zuletzt die Schriften seines akademischen Lehrers Hans Gross, gegen die schon der Sohn Otto 1909 mit einer wissenschaftlichen Abhandlung opponiert hatte. Der um die Stärkung der Staatsmacht stets bemühte Strafrechtslehrer und Kriminologe war einer jener furchtbaren Juristen unseres Jahrhunderts, die sich mit sozialdarwinistischen Argumenten für die lebenslängliche Deportation «degenerierter», «minderwertiger» Menschen in Strafkolonien einsetzten.[54]

V. Krankheit zum Tode

1. Die Krankheit und ihre Folgen

Im November 1916 trug Kafka die Erzählung *In der Strafkolonie* in München vor. Es war die einzige öffentliche Lesung aus eigenen Werken außerhalb Prags. Etliche Zuhörer sollen ohnmächtig aus dem Saal getragen worden sein. Die Presse reagierte reserviert. Die Umstände der Reise nach München hatte Kafka vor allem deshalb auf sich genommen, weil er dort Felice Bauer wiedersehen konnte. Nach der Entlobung im Juli 1914 hatte er Ende Oktober wieder die Briefverbindung zu ihr aufgenommen. Doch das Verhältnis blieb weiterhin durch den ständigen Wechsel von Phasen der Annäherung und der Distanzierung gekennzeichnet. Anfang Juli 1917 verlobte er sich mit ihr ein zweites Mal. Im Dezember wird auch dieses Verlöbnis aufgelöst, und zwar endgültig. Zwischen Verlobung und Entlobung hatte sich Dramatisches ereignet und Kafka zu einer Entscheidung verholfen.

In der Nacht vom 12. auf den 13. August 1917 erlitt er einen Blutsturz. Der Arzt diagnostizierte knapp einen Monat später eine Lungentuberkulose. Kafka hat seine Krankheit immer wieder als psychisch bedingt zu deuten versucht, als körperliches Zeichen für eine «Geisteskrankheit». In heutigen Schriften zur Psychosomatik werden seine Äußerungen denn auch gern zitiert – als erstaunliche Beispiele für besonders tief dringende Einsichten in ein Krankheitsgeschehen. Kafkas Einsichten folgten bezeichnenderweise Mustern und Bildern, die er schon vorher literarisch ausgearbeitet hatte. Analog zu Gregor Samsas Verwandlung interpretierte er die eigene Krankheit als Befreiung aus unerträglich gewordenen Bindungskonflikten. An Max Brod schrieb er Mitte September 1917: «Immerfort suche ich eine Erklärung der Krankheit, denn selbst erjagt habe ich sie doch nicht. Manchmal scheint es mir, Gehirn und Lunge hätten

1. Die Krankheit und ihre Folgen

sich ohne mein Wissen verständigt. ‹So geht es nicht weiter› hat das Gehirn gesagt und nach fünf Jahren hat sich die Lunge bereit erklärt zu helfen.» (Br3 319 f.) Nach «fünf Jahren»: das ist die Zeitspanne seiner inneren Kämpfe im Verhältnis zu Felice Bauer, aus denen die Lunge ihm mit einem Male heraushalf. Im Tagebuch nannte er etwa zur gleichen Zeit «die Lungenwunde nur ein Sinnbild», «Sinnbild der Wunde, deren Entzündung Felice und deren Tiefe Rechtfertigung heißt». (T 831) Das Bild der «Wunde» hatte Kafka in diesen Problemzusammenhängen schon Anfang des Jahres bei der Niederschrift seiner Erzählung *Ein Landarzt* verwendet. Er sah in ihr später eine Art Prognose: «Auch habe ich es selbst vorausgesagt. Erinnerst Du Dich an die Blutwunde im ‹Landarzt›.» (Br3 314)

Die Erzählung *Der Landarzt* gehört zu den kleineren, doch literarisch bedeutenden Prosaarbeiten, die innerhalb weniger Monate (von Mitte Dezember bis zum April 1917) in einem Häuschen der Prager Alchemistengasse entstanden. Kafkas Schwester Ottla hatte es für ihre Freizeit angemietet und ihrem Bruder für die literarische Arbeit zur Verfügung gestellt. Während die Verbindung zu Felice fast vollständig abgebrochen war, schrieb er hier abends und nachts in völliger Abgeschiedenheit unter anderem *Ein Bericht an eine Akademie*, *Der Kübelreiter*, *Auf der Galerie*, *Schakale und Araber*, *Beim Bau der Chinesischen Mauer*, *Eine kaiserliche Botschaft*.

Mit der Erzählung *Ein Landarzt* kehrte Kafka noch einmal zu einer sehr direkten Darstellung seiner persönlichen Bindungskonflikte zurück. Gegenüber dem *Urteil* und der *Verwandlung* verstärkte er allerdings die Techniken einer surrealen Erzählweise, die den von Freud beschriebenen Mechanismen der Traumarbeit gleicht: der Aufspaltung, Verdichtung, Verschiebung und Symbolisierung latenter Wünsche, Ängste und Konflikte. Indem der Landarzt dem Läuten der Nachtglocke folgt, die ihn zu einem «Schwerkranken» in ein zehn Meilen entferntes Dorf ruft, vernachlässigt er die erotische Bindung an sein Dienstmädchen Rosa. Er tauscht sie ein gegen die Bindung an die Familie, zu der der angeblich oder wirklich kranke Junge gehört, den er behandeln soll. Die Familie aus der *Verwandlung* ist hier wieder komplett versammelt: Eltern, Schwester und Sohn. Die Stelle des Sohnes nimmt jetzt auch der Arzt ein – in ganz wörtlichem Sinn. Er wird wie ein Kind entkleidet und zum kranken Jungen ins Bett gelegt. An dem Jungen hatte er zuvor keine Krankheit entdecken können, dem Ruf der Familie hatte er sein Verhältnis zu Rosa also umsonst geopfert, doch dann plötzlich in der «Hüftengegend» des Patienten eine «handtellergroße Wunde» gefunden. «Rosa» ist sie, Würmer winden sich «rosig» in ihrem Inneren, der Junge ist «ganz geblendet durch das Leben in seiner Wunde». In ihrer genauen Beschreibung sind die sexuellen Anspielungen kaum zu überhören: «Rosa, in vielen Schattierungen, dunkel in der Tiefe, hellwerdend zu den Rändern, zartkörnig, mit ungleichmäßig sich aufsammelndem Blut, offen wie ein Bergwerk obertags.» Der Gleichklang des Mädchennamens mit dem «Rosa» der Wunde legt nahe: Der Arzt ist zur Untersuchung seines eigenen Leidens gekommen. Seine Prognose gilt auch für ihn selbst: «Armer Junge, dir ist nicht zu helfen. Ich habe deine große Wunde aufgefunden; an dieser Blume in deiner Seite gehst du zugrunde.» (DL 258)

Kafka interpretierte seine «Lungenwunde» als Symptom der psychischen Verwundungen, die er in seinen Bindungskonflikten zu erleiden hatte, zugleich aber auch als Befreiung daraus. Die brachte ihm seine Krankheit in der Tat, zumindest vorübergehend. Sie befreite ihn von Felice, vom Beruf, vom Elternhaus, von der gehassten Stadt Prag und sogar von der Literatur.

Am 12. September 1917 reiste der Kranke, vom Dienst in der Versicherungsanstalt für ein halbes Jahr beurlaubt, zu seiner Schwester Ottla aufs Land, nach Zürau in Nordwestböhmen. Die Krankheit bescherte ihm hier die Möglichkeit, sich in gleichsam kindlicher Passivität verwöhnen zu lassen. «Ottla trägt mich wirklich förmlich auf ihren Flügeln durch die schwierige Welt», schreibt er aus Zürau an Max Brod und preist «die Freiheit, die Freiheit vor allem.» Zur Tuberkulose verhalte er sich, «wie ein Kind zu den Rockfalten der Mutter». (Br3 319) Später nennt er die Krankheit einen «Schutzengel», spricht von ihrer «Süßigkeit» und «ihrem Schutz». Dem sonst so Unentschiedenen hilft sie zur Begründung der Entscheidung, sich von Fe-

1. Die Krankheit und ihre Folgen

lice endgültig zu trennen. Es sind glückliche, konfliktfreie Monate, die Kafka auf dem Land verbringt. Er hackt Holz, pflügt oder arbeitet in Ottlas Gemüsegarten. Kafka hat nach Ausbruch der Krankheit immer wieder versucht, sich pensionieren zu lassen, und er erwog eine Zeitlang allen Ernstes, sich als Kleinbauer aus der Gesellschaft zurückzuziehen.

In Zürau enthielt er sich, entweder ganz bewusst oder weil er in dieser konfliktfreien Sphäre kein Bedürfnis danach hatte, des literarischen Schreibens. Allenfalls las er und beschäftigte sich mit philosophischen Schriften, vor allem auch mit Kierkegaard. Mit dem Landaufenthalt in Zürau begann eine Phase der Literaturferne, die mit kleineren Unterbrechungen bis Ende 1921 andauerte. Wenn er überhaupt schrieb, dann traten an die Stelle des Erzählens meist kürzere Betrachtungen oder aphoristische Sentenzen. Sie sind vielfach gekennzeichnet durch die Tendenz zu einer starken Verallgemeinerung seiner persönlichen Probleme und zu deren Konfrontation mit Grundfragen der Philosophie und Theologie. Auffällig dabei ist Kafkas zunehmende Vorliebe, antike und biblische Mythen, literarische Motivtraditionen oder historische Ereignisse aufzugreifen, sie in ihrem Wahrheitsanspruch, ihrer Logik, Einheit und Autorität zu demontieren und auf neue, oft überraschende und paradoxe Weise wieder zusammenzusetzen und sich zueigen zu machen – ein Verfahren, das dem ähnelt, was neuere Philosophie und Literaturtheorie «Dekonstruktion» genannt haben.

Die relative Literaturferne dieser Jahre ist von gesteigerter Skepsis gegenüber seinen bisherigen Werken begleitet. Es gibt kaum einen eigenen Text (vom *Urteil* einmal abgesehen), an dem er nicht gravierende Mängel hervorhob. Diese selbstkritische Skepsis gipfelte in jener zwischen 1919 und 1921 getroffenen Verfügung, mit der er die Vernichtung des gesamten Nachlasses anordnete.[55] Erst Anfang 1923, nach einer letzten großen produktiven Phase, hat er die radikale Entwertung seiner Werke, die einer Selbstexekution seiner Schriftstellerexistenz gleichkam, erheblich zurückgenommen.

Neben der grundsätzlichen Skepsis gegenüber dem Schriftstellerberuf und seinen eigenen Werken ist für das fast zwei

Jahre andauernde Versiegen der literarischen Produktivität das Fehlen jener belastenden Konfliktstoffe verantwortlich zu machen, die offensichtlich zu den Bedingungen von Kafkas Schreiben gehörten. Zu einem kurzen Wiederaufleben literarischer Kreativität kam es daher nicht zufällig, als in der Freundschaft mit Julie Wohryzek, die er im Januar 1919 während eines Erholungsurlaubs kennengelernt hatte, die alten Konfliktkonstellationen von neuem hervortraten. Zum dritten Mal unternahm er einen Heiratsversuch, zum dritten Mal scheiterte er. Unmittelbar danach, im November 1919, schrieb Kafka den *Brief an den Vater*.

Die nächste, die letzte große produktive Phase seiner Schriftstellerexistenz verdankte sich den Erschütterungen durch die Freundschaft mit Milena Jesenská.

2. Milena Jesenská, *Das Schloss* und *Ein Hungerkünstler*

Kafkas Leben und auch sein Schreiben standen im Zeichen von Wiederholungszwängen. Seine Liebe zu Milena Jesenská war ähnlich geisterhaft wie vormals die zu Felice Bauer. Es war wieder die weithin imaginäre Liebe zu einer meist fernen Frau, und sie wurde wieder vor allem mit Briefen ins Leben gerufen und am Leben erhalten. Kafka selbst sprach vom Gespenstischen dieser Beziehung in einem berühmten, meist nur in kleinen Ausschnitten zitierten Brief, der zwar am menschlichen Wert des Briefeschreibens grundsätzlich zweifelte, aber zugleich eines der großartigen Beispiele für ihren literarischen Wert lieferte. Der Brief ist mithin symptomatisch für die Verluste, die Kafka für den Gewinn an literarischer Kreativität zu erleiden hatte. Und er ist nicht zuletzt auch symptomatisch für seinen Willen, im Schreiben über sich das Persönliche ins Allgemeine auszuweiten. Zusammen mit dem Briefverkehr stellte er hier nämlich gleich den Fortschritt all der Nachrichten- und Verkehrstechniken infrage, die für moderne Gesellschaften konstitutiv sind. Der Brief stammt vom März 1922 und damit aus einer Zeit, in der Kafka an seinem letzten Roman *Das Schloss* arbeitete. Des-

2. Milena Jesenská, «Das Schloss» und «Ein Hungerkünstler»

sen bürokratische Welt ist von den Nachrichtentechniken, über die sich der Brief so skeptisch äußert, maßgeblich geprägt.

«Alles Unglück meines Lebens – womit ich nicht klagen, sondern eine allgemein [!] belehrende Feststellung machen will – kommt, wenn man will, von Briefen oder von der Möglichkeit des Briefeschreibens her. Menschen haben mich kaum jemals betrogen, aber Briefe immer und zwar auch hier nicht fremde, sondern meine eigenen. Es ist in meinem Fall ein besonderes Unglück, von dem ich nicht weiter reden will, aber gleichzeitig auch ein allgemeines [!]. Die leichte Möglichkeit des Briefeschreibens muß – bloß theoretisch angesehn – eine schreckliche Zerrüttung der Seelen in die Welt gebracht haben. Es ist ja ein Verkehr mit Gespenstern und zwar nicht nur mit dem Gespenst des Adressaten, sondern auch mit dem eigenen Gespenst, das sich einem unter der Hand in dem Brief, den man schreibt, entwickelt oder gar in einer Folge von Briefen, wo ein Brief den anderen erhärtet und sich auf ihn als Zeugen berufen kann. Wie kam man nur auf den Gedanken, daß Menschen durch Briefe miteinander verkehren können! Man kann an einen fernen Menschen denken und man kann einen nahen Menschen fassen, alles andere geht über Menschenkraft. Briefe schreiben aber heißt, sich vor den Gespenstern entblößen, worauf sie gierig warten. Geschriebene Küsse kommen nicht an ihren Ort, sondern werden von den Gespenstern auf dem Wege ausgetrunken. Durch diese reichliche Nahrung vermehren sie sich ja so unerhört. Die Menschheit fühlt das und kämpft dagegen, sie hat, um möglichst das Gespenstische zwischen den Menschen auszuschalten, und den natürlichen Verkehr, den Frieden der Seelen zu erreichen, die Eisenbahn, das Auto, den Aeroplan erfunden, aber es hilft nichts mehr, es sind offenbar Erfindungen, die schon im Absturz gemacht werden, die Gegenseite ist soviel ruhiger und stärker, sie hat nach der Post den Telegraphen erfunden, das Telephon, die Funkentelegraphie. Die Geister werden nicht verhungern, aber wir werden zugrundegehn.» (BrM 301 f.)

Das steht in einem der letzten großen Briefe, die Kafka an Milena geschrieben hat. Im Oktober 1919 war er ihr flüchtig in einem Prager Kaffeehaus begegnet, sie 23, er 36 Jahre alt. In

Briefen bat sie den bewunderten Autor, seine Werke ins Tschechische übersetzen zu dürfen. Milena war Journalistin und Übersetzerin. Sie lebte mit ihrem Mann in Wien, stammte aber aus Prag. Ihr Vater war ein angesehener Professor für Kieferorthopädie, und mit ihm hatte sie eben jene Kämpfe auszutragen, die damals in den Familien der jungen Künstler und Intellektuellen an der Tagesordnung waren. Ihr Fall glich dem von Otto Gross, den sie schätzte, auf frappierende Weise. Schon in jungen Jahren führte Milena ein höchst unbürgerliches, erotisch ausschweifendes Leben, lange Zeit war sie Morphinistin, mehrfach überschritt sie die Grenzen zur Kriminalität. Als dem Vater, einem tschechischen Nationalisten und Antisemiten, ihr Verhältnis mit dem jüdischen «Kaffeehaus-Literaten» (und späteren Ehemann) Ernst Pollak nicht mehr tragbar schien, griff er im Juni 1917 ein und ließ die Tochter zwangsweise in eine Nervenheilanstalt einweisen.

Von Meran aus, wo Kafka sich seit Anfang April 1920 zur Kur aufhielt, begann er einen ausgedehnten Briefwechsel mit Milena zu führen. Sie kamen sich in diesen Briefen nicht zuletzt deshalb schnell sehr nahe, weil Milena ungemein offen von den Problemen ihrer sich auflösenden Ehe berichtete. Auf der Rückreise von Meran fuhr Kafka nach einigem Zögern über Wien, wo er mit ihr vier gemeinsame Tage verbrachte. Sie bildeten den Höhepunkt ihrer Beziehung. Schon das zweite Treffen im August leitete eine Phase zunehmender Entfremdung ein.

Kafka hat sein Innenleben keiner Frau und auch keinem Freund so rückhaltlos offengelegt wie Milena. Sogar seine Tagebücher überließ er ihr. Er hatte sie bislang niemandem gezeigt. Anders als Felice war Milena literarisch gebildet und intellektuell emanzipiert, und sie vermochte seinen zahllosen Ängsten ein ihm wohltuendes Verständnis entgegenzubringen. Die Gründe für die wachsende Distanz lagen unter anderem darin, dass er sie nicht dazu bringen konnte, ihren Mann seinetwegen zu verlassen, dass er sie und sich nicht für fähig hielt, unter den gegebenen Umständen zusammenzuleben, dass er sich der ungemein vitalen christlichen Tschechin als schwacher, kranker und isolierter Jude hoffnungslos unterlegen fühlte. Im Januar

1921 bat Kafka sie, die Korrespondenz aufzugeben und weitere Treffen zu verhindern. Das Verhältnis löste sich zwar, brach aber nicht ab. Anfang 1922, in der zweiten Januarwoche, erlitt Kafka einen Nervenzusammenbruch.

«Ich habe, um mich vor dem, was man Nerven nennt, zu retten, seit einiger Zeit ein wenig zu schreiben angefangen» (Br 374), berichtet er Ende März 1922 seinem neuen Freund, dem Medizinstudenten Robert Klopstock. Das ist insofern untertrieben, als Kafka jetzt weit mehr schreibt als in den fünf Jahren zuvor. Richtig scheint indes, dass Kafkas Schreiben jetzt stärker denn je zur selbsttherapeutischen Überlebenskunst wird. Vermutlich im Januar schon beginnt er mit der Arbeit am *Schloss*-Roman. Die Niederschrift dieses Romans steht wie das Verhältnis Kafkas zu Frauen erneut unter dem Diktat des Wiederholungszwangs. War *Der Prozess* auch der Versuch, den Abbruch der Beziehung zu Felice Bauer literarisch zu ‹bewältigen›, so ist *Das Schloss* auch der Versuch, sich über die Gründe des Scheiterns der Liebe zu Julie Wohryzek und vor allem zu Milena Klarheit zu verschaffen. Noch stärker wohl als der frühe Roman bezieht sich der späte bis in feinste Details auf Kafkas Lebensgeschichte. Wie der *Prozess* bleibt auch das *Schloss* ein Fragment. Und auch in den Handlungsabläufen, den dargestellten Bindungskonflikten, den Personenkonstellationen und Einzelmotiven greift der späte Roman auf den früheren zurück. Der Kampf Josef K.s mit der Gerichtsbehörde um die Anerkennung seiner Unschuld wird hier zum Kampf des Landvermessers K. mit der Schlossbehörde um die Anerkennung seiner Identität. Einen Kampf gegen und um eine Macht, deren höchste Instanzen sich verborgen halten, sowie den Wechsel von Auflehnung und Unterwerfung beschreiben beide Texte gleichermaßen. Anders als im *Prozess* geht es freilich im *Schloss* vor allem auch um die Möglichkeiten einer zwanglosen Integration in eine soziale Gemeinschaft. Hierin knüpft das späte Werk stärker an den Amerika-Roman und die Suche Karl Rossmanns nach einem Beruf an. Und hierin hatte es auch Anteil an der expressionistischen Utopie einer «Gemeinschaft freier Menschen» (Ernst Toller), die sich auf die auch von Kafka geschätzten Schriften

Leo Tolstois, Martin Bubers und Gustav Landauers berief. Noch einmal erzählt Kafkas großer Romanentwurf von den Schwierigkeiten, in einer von Macht- und Abhängigkeitsstrukturen geprägten Gesellschaft eine eigentümliche Identität auszubilden, die in zwanglose Formen sozialer Gemeinschaft integrierbar ist. Nachdem K. sich im achten Kapitel des Romans in einem Akt der Auflehnung gegen die Macht und die ihr hörige Dorfgesellschaft dem Befehl zum Verhör entzieht, indem er das Haus und die Menschen in ihm verlässt und sich ins Freie begibt, folgt abschließend jener eindrucksvolle Satz, der die ganze Gespaltenheit dieses modernen Helden zum Ausdruck bringt: «da schien es K. als habe man nun alle Verbindung mit ihm abgebrochen und als sei er nun freilich freier als jemals und [...] habe sich diese Freiheit erkämpft wie kaum ein anderer es könnte, und niemand dürfe ihn anrühren oder vertreiben, ja kaum ansprechen, aber – diese Überzeugung war zumindest ebenso stark – als gäbe es gleichzeitig nichts Sinnloseres, nichts Verzweifelteres als diese Freiheit, dieses Warten, diese Unverletzlichkeit.» (Sch 169) Das waren die Leiden dieser Generation: Sie litt unter den zweifelhaften Autoritäten ebenso wie unter dem Verlust an Orientierung und Geborgenheit, wenn sie sich von ihnen und der durch sie geprägten Gesellschaft frei zu machen versuchte.

Max Brod überlieferte Aussagen Kafkas, wonach das späte Romanfragment etwa so enden sollte: «Der angebliche Landvermesser erhält wenigstens teilweise Genugtuung. Er läßt in seinem Kampfe nicht nach, stirbt aber vor Entkräftung. Um sein Sterbebett versammelt sich die Gemeinde, und vom Schloß langt eben die Entscheidung herab, daß zwar ein Rechtsanspruch K.s, im Dorf zu wohnen, nicht bestand – daß man ihm aber doch mit Rücksicht auf gewisse Nebenumstände gestatte, hier zu leben und zu arbeiten.»[56] Die Erlaubnis, «hier zu leben und zu arbeiten», käme für den sterbenden K. zwar zu spät und wäre daher ziemlich paradox, aber einen versöhnlichen Aspekt hätte dieser Schluss, wäre er so verfasst worden, durchaus.

Die meisten Helden Kafkas sterben freilich anders, eher so wie der «Hungerkünstler», von dem Kafka in der Zeit erzählte, in der er seinen Roman schrieb. Auch in dieser Geschichte kämpft einer um die Anerkennung seiner eigentümlichen Identität durch die Gemeinschaft. Konnte der Hungerkünstler früher noch, trotz aller ihm entgegengebrachten Verdächtigungen, mit einem hohen Maß an öffentlicher Anteilnahme an seiner Kunst rechnen, so erlebt er jetzt einen «Umschwung». Die Öffentlichkeit interessiert sich immer weniger für ihn. Im Zirkus steht sein Käfig nicht mehr als Glanznummer mitten in der Manege, sondern «in der Nähe der Stallungen». Für die Besucher wird er bald nur noch zum «Hindernis auf dem Weg zu den Ställen» (DL 346), bis der Künstler, vollkommen isoliert, deklassiert und entkräftet, stirbt, samt dem Stroh begraben wird und endlich einem jungen, vitalen Panther Platz macht. So stirbt in Kafkas Werken derjenige, der seinem eigentümlichen Willen folgt. Das Ungeziefer Gregor Samsa hatte es dem Hungerkünstler vorgemacht.

3. Todesarten

Mitte Oktober 1918 wurde der ohnehin lungenkranke Kafka von der Spanischen Grippe infiziert, die der vom Krieg geschwächten Bevölkerung Europas zahllose Todesopfer abforderte. Von den Folgen dieser Erkrankung hat sich Kafka nie mehr ganz erholen können. Trotz etlicher Kuraufenthalte in Schelesen, Meran oder Matliary verschlechterte sich sein Gesundheitszustand zunehmend. Im September 1922 teilte er Max Brod mit: «ich habe die Schloßgeschichte offenbar für immer liegen lassen müssen, konnte sie seit dem ‹Zusammenbruch›, der eine Woche vor der Reise nach Prag begann, nicht wieder anknüpfen». (Br 413) In den folgenden Wintermonaten verließ er kaum noch das Bett. Die Pläne, nach Palästina überzusiedeln, gab er vorerst auf. Unterstützt durch die älteste Schwester, konnte er im Sommer 1923 immerhin nach Müritz an der Ostsee reisen. Obwohl schon sehr geschwächt, dauernd hustend, abgemagert und von Herzbeschwerden gequält, kam es hier, in seinem letzten Lebensjahr, zu einer überraschenden Wende, die ihm mit einem Male alte Wünsche erfüllte.

In dem Ostseebad lernt er die junge Ostjüdin Dora Diamant

kennen. Mit ihr gelingt es ihm plötzlich, der Wiederholung alter Lebensmuster zu entgehen. Sie treffen eine rasche Entscheidung: Kafka verlässt Prag und lebt mit ihr zusammen in Berlin. Den Entschluss, sich dort auf Dauer niederzulassen, durchkreuzt indes die Krankheit. Sie erzwingt Mitte März 1924 eine Rückkehr nach Prag – als Zwischenstation auf dem Weg in ein geeignetes Sanatorium. In der Wiener Universitätsklinik bestätigen die Ärzte den Verdacht auf Kehlkopftuberkulose. Am 19. April wird Kafka auf Veranlassung Dora Diamants in das Sanatorium des Dr. Hoffmann in Kierling bei Klosterneuburg verlegt. Der Stimme beraubt, kann sich Kafka mit Dora und den Freunden nur noch schriftlich auf Gesprächszetteln verständigen. Auf dem Sterbebett liest er, aufgrund der Schluckbeschwerden in permanentem Hungerzustand, noch die Druckfahnen des Erzählungsbandes *Ein Hungerkünstler*. Am 3. Juni verlangt er von dem Freund Robert Klopstock jene Morphiumspritze, die dieser ihm schon lange vorher für den «Ernstfall» versprochen hatte. Auch diesen letzten Wunsch formulierte er mit einem Paradox: «Töten Sie mich, sonst sind Sie ein Mörder.»[57]

Noch den Toten holte die Bindung an Prag und an die Eltern ein. Am 11. Juni begrub man ihn auf dem jüdischen Friedhof in Prag-Straschnitz. Als seine Mutter und sein Vater in den dreißiger Jahren starben, wurden sein Grab und sein Grabstein auch zu ihrem.

Kafkas realer Tod hatte mit seinen literarischen Todesphantasien zumindest äußerlich wenig gemeinsam. Es sind oft Fälle des gewaltsamen Todes, die er, durchaus effektbewusst, literarisch ausmalte: Fälle von Mord, Selbstmord, Verhungern oder Hinrichtung. Dennoch hat Kafka auch sein Sterben und seinen Tod wie schon die Krankheit mit symbolischen Konstruktionen überformt. «Mein Leben lang bin ich gestorben und nun werde ich wirklich sterben», schrieb er 1922 in einem Brief. Der reale Tod wurde ihm zur Bestätigung einer Metaphorik des Todes, die meist der Verbildlichung sozialer Isolation diente: der Isolation des Künstlers, der Isolation dessen, dem die Behauptung einer eigentümlichen Identität in der Gesellschaft verwehrt ist. «Ich könnte leben und lebe nicht», schrieb er, redete von seinem

3. Todesarten

«nichtgelebten Leben» oder bemerkte: «Fast scheint es mir manchmal, daß es das Leben ist, das mich stört; wie könnte mich denn sonst alles stören.» (Br 293) Kafka hat auch solche Metaphorik in seinen literarischen Phantasien wörtlich genommen: Odradek kann nicht sterben, weil er nie gelebt hat. Der Jäger Gracchus stürzt von einem Felsen. Der Todeskahn soll ihn ins Jenseits tragen, doch er verfehlt den Weg, bleibt auf der Erde und befährt seither die irdischen Gewässer – tot und isoliert im Terrain der Lebenden, die ihm nicht helfen und ihn nicht wahrnehmen können.

Die Anteilnahme an Kafkas Tod ging über den Kreis der Familie und Freunde kaum hinaus. Die Zeitungen meldeten mit nur wenigen Zeilen den Verlust eines damals noch wenig bekannten Dichters. Die Nachrufe waren nicht sehr zahlreich. Der von Milena Jesenská rühmte: «Er schrieb Bücher, die zum Bedeutensten der jungen deutschen Literatur gehören.»[58] Die Eltern, Schwestern, die meisten Freunde und die Freundinnen haben Kafka überlebt. Doch viele von ihnen wurden nach 1933 Opfer nationalsozialistischer Gewalt. Grete Bloch wurde 1942 von Männern eines deutschen Truppenteils in Italien ermordet. Milena verbrachte ihre letzten Lebensjahre im Konzentrationslager von Ravensbrück und starb am 17. Mai 1944 nach einer Nierenoperation. Die Schwester Ottla ließ sich nach dem Einmarsch der deutschen Truppen in die Tschechoslowakei von ihrem nicht-jüdischen Mann scheiden, um dessen Karriere nicht zu gefährden. Sie kam nach Theresienstadt und schloss sich dort freiwillig der Begleitung eines Kindertransports an. Sie wusste, wohin er führte: nach Auschwitz.

Solches ist Franz Kafka durch seinen frühen Tod erspart geblieben.

Anmerkungen

Vorbemerkung: Diese kleine Einführung in Werk und Leben Franz Kafkas ist eine in den Zitatbelegen und Literaturhinweisen aktualisierte und im Text leicht überarbeitete Fassung des in der Beck'schen Reihe Autorenbücher 1989 (2. Aufl. 1992) erschienenen Bandes «Franz Kafka». Ich wiederhole hier in etwas verkürzter Form gerne meinen damaligen Dank für schriftliche oder mündliche Anregungen von Peter Beicken, Hartmut Binder (und den Mitarbeitern seines immer noch unverzichtbaren «Kafka-Handbuchs»), Peter Demetz, Brigitte Haberer, Wolf Kittler, Christine Lubkoll, Walter Müller-Seidel, Gerhard Neumann, Marcel Reich-Ranicki, Peter Schünemann, Walter H. Sokel, Joseph Vogl und Klaus Wagenbach. Zu danken habe ich inzwischen vielen weiteren Kafka-Kennern, u. a. Peter-André Alt, Manfred Engel, Dieter Lamping und Rainer Stach.

Die in das Literaturverzeichnis aufgenommenen Titel sind in den folgenden Fußnoten nur in Kurzform angegeben.

1 Susan Sontag: Gegen Interpretation. In: S. Sontag: Kunst und Antikunst. Frankfurt/M. 1982, 16.
2 Politzer: Franz Kafka, der Künstler, 43.
3 Adorno: Aufzeichnungen zu Kafka, 250.
4 Deleuze/Guattari: Kafka, 7.
5 Zum folgenden Kurt Neff in Binder: Kafka-Handbuch 2, 881 ff.
6 Vgl. zu solchen Phänomenen Pierre Bourdieu: Die feinen Unterschiede. Frankfurt/M. 1982.
7 Zitiert im Beitrag von Harry Jän in Binder: Kafka-Handbuch 2, 771.
8 Michel Foucault: Schriften zur Literatur. Frankfurt/M. 1988, 7 ff.
9 Sören Kierkegaard: Abschließende Nachschrift zu den philosophischen Brocken. Gesammelte Werke. Jena 1909 ff. Bd. VI, 155.
10 Kurt Hiller: Rede zur Eröffnung des Neopathetischen Cabarets. Abdruck in Thomas Anz/Michael Stark (Hgg.) : Expressionismus. Manifeste und Dokumente zur deutschen Literatur 1910–1920. Stuttgart 1982, 441.
11 Zum folgenden Binder: Kafka-Handbuch 1, 309 ff.
12 Georg Heym: Dichtungen und Schriften. Bd. 3. Hamburg, München 1960, 8.
13 Brod: Über Franz Kafka, Zitate 30, 41 f.
14 Ebd., 49.
15 Beicken: Franz Kafka, 18 f.

16 Thomas Anz: Literatur der Existenz. Literarische Psychopathographie und ihre soziale Bedeutung im Frühexpressionismus. Stuttgart 1977.
17 Canetti: Der andere Prozeß, 76.
18 Zitat nach Anz/Stark (s. Anm. 10), 144.
19 Erich Mühsam: Schwabing. In: Ders.: Namen und Menschen. Berlin 1977, 117.
20 Otto Gross: Von geschlechtlicher Not zur sozialen Katastrophe. Hg. von Kurt Kreiler. Frankfurt/M. 1980, 16.
21 Vgl. Christina Jung/Thomas Anz (Hg.): Der Fall Otto Gross. Eine Pressekampagne deutscher Intellektueller im Winter 1913/14. Marburg 2002.
22 Arnold Zweig: Zwischenrede über Otto Gross. In: Die Schaubühne 10, 1914, 235–238; hier 235 f.
23 Ebd., 237.
24 Gross (s. Anm. 20), 14.
25 Brod: Über Franz Kafka, 140.
26 Dazu Müller-Seidel: Die Deportation des Menschen.
27 Abdruck in Anz/Stark (s. Anm. 10), 166 ff.
28 Hierzu Robertson: Kafka, 10 ff.
29 Binder: Kafka-Kommentar zu sämtlichen Erzählungen, 23.
30 Alice Miller: Du sollst nicht merken. Frankfurt/M. 1983, 331.
31 Neumann: Franz Kafka, 106.
32 Der Anfang, Heft 1, Mai 1913, 4.
33 Max Horkheimer/Theodor W. Adorno: Dialektik der Aufklärung. Frankfurt/M. 1971, 51.
34 Zitiert in Binder: Kafka-Handbuch 1, 298.
35 Sorge: Werke Bd. 2. Ohne Ort und Jahr, 84.
36 Johst: Der Einsame. München 1917, 48.
37 Erich Mühsam: Appell an den Geist. In: Kain 1, 1911, Nr. 2, 20.
38 Theodor Däubler: Der neue Standpunkt. Leipzig 1919, 100.
39 Franz Werfel: Aphorismus zu diesem Jahr. In: Die Aktion 4, 1914, 5. Dez., 903.
40 Hugo Ball: Kandinsky, Abdruck in Anz/Stark (s. Anm. 10), 124 f.
41 Vgl. das instruktive Kapitel «Soziale Ordnung und individuelle Autonomie» in Richard Münch: Theorie des Handelns. Frankfurt/M. 1982, 281–426.
42 Vgl. Anz: Kafka, der Krieg und das größte Theater der Welt.
43 Der tschechisch geschriebene Brief ist hier nicht nach der Briefausgabe (BrO 88), sondern nach der pointierteren Übersetzung wiedergegeben, die White: Franz Kafka, 501 f., zitiert.
44 Canetti: Der andere Prozeß, 61.
45 Binder: Kafka-Kommentar zu den Romanen, 198.
46 Vgl. die weitreichenden Entzifferungsversuche in Schirrmacher: Verteidigung der Schrift.
47 Zum Folgenden vgl. den ausgezeichneten einleitenden Essay von Klaus Hermsdorf. In Franz Kafka: Amtliche Schriften Berlin (Ost) 1984.

48 Brod: Über Franz Kafka, 102.
49 Zitiert nach Müller-Seidel: Die Deportation des Menschen, 73.
50 Michel Foucault: Überwachen und Strafen. Frankfurt/M. 1976, 224–230.
51 Die neue Rundschau 21, 1910, 1321–1334.
52 Norbert Elias: Über den Prozeß der Zivilisation. Frankfurt/M. 1978.
53 Vgl. Astrid Lange-Kirchheim: Franz Kafka: «In der Strafkolonie» und Alfred Weber: «Der Beamte». In: Germanisch-Romanische Monatsschrift. Neue Folge. 27, 1977, 202–221.
54 Dazu ausführlich Müller-Seidel: Die Deportation des Menschen, 50 ff.
55 Vgl. das Nachwort von Max Brod in Franz Kafka: Der Prozeß. Frankfurt/M. 1976, 224.
56 Vgl. das Nachwort von Max Brod in Franz Kafka: Das Schloß. Frankfurt/M. 1976, 347.
57 Brod: Über Franz Kafka, 185
58 Milena Jesenská: Alles ist Leben. Feuilletons und Reportagen 1919–1933. Hg. von Dorothea Rein. Frankfurt/M. 1984, 96.

Literaturhinweise

I. Textausgaben und Abkürzungen

Franz Kafka: Schriften, Tagebücher, Briefe. Kritische Ausgabe. Hg. von Jürgen Born, Gerhard Neumann, Malcolm Pasley, Jost Schillemeit. Frankfurt/M.: S. Fischer 1982 ff.

Zitiert wird in der Regel nach dieser Ausgabe, und zwar mit folgenden Siglen:

- AS = Amtliche Schriften. Hg. von Klaus Hermsdorf und Benno Wagner. Frankfurt/M. 2004.
- Br1 = Briefe 1900–1912. Hg. von Hans-Gerd Koch. Frankfurt/M. 1999.
- Br2 = Briefe 1913–1914. Hg. von Hans-Gerd Koch. Frankfurt/M. 2001.
- Br3 = Briefe 1914–1917. Hg. von Hans-Gerd Koch. Frankfurt/M. 2005.
- DL = Drucke zu Lebzeiten. Hg. von Wolf Kittler, Hans-Gerd Koch und Gerhard Neumann. Frankfurt/M. 1994–1996.
- N1 = Nachgelassene Schriften und Fragmente I. Hg. von Malcolm Pasley. Frankfurt/M. 1993.
- N2 = Nachgelassene Schriften und Fragmente II. Hg. von Jost Schillemeit. Frankfurt/M. 1992.
- Pr = Der Proceß. Hg. von Malcolm Pasley. Frankfurt/M. 1990.
- Sch = Das Schloß. Hg. von Malcolm Pasley. Frankfurt/M. 1982.
- T = Tagebücher. Hg. von Hans-Gerd Koch, Michael Müller und Malcolm Pasley. Frankfurt/M. 1990.
- V = Der Verschollene. Hg. von Jost Schillemeit. Frankfurt/M. 1983.

Weitere mit Siglen zitierte Ausgaben:

- Br = Briefe 1902–1924. Hg. von Max Brod. Frankfurt/M. 1975.
- BrM = Briefe an Milena. Erweiterte und neu geordnete Ausgabe. Hg. von Jürgen Born und Michael Müller. Frankfurt/M. 1983.
- BrO = Briefe an Ottla und die Familie. Hg. von Hartmut Binder und Klaus Wagenbach. Frankfurt/M. 1981 (FT 5016).
- J = Janouch, Gustav: Gespräche mit Kafka. Aufzeichnungen und Erinnerungen. Erweiterte Neuausgabe. Frankfurt/M. 1981.

Auswahl weiterer Ausgaben:

Franz Kafka: Historisch-Kritische Ausgabe sämtlicher Handschriften, Drucke und Typoskripte. Hg. von Roland Reuß und Peter Staengle. Basel, Frankfurt/M.: Stroemfeld 1995 ff.

- Der Process. Faksimile-Edition. 16 einzeln geheftete Entwurfs-Kapitel zusammen mit Franz Kafka-Hefte 1 und CD-ROM. Hg. von Roland Reuß in Zusammenarbeit mit Peter Staengle. Basel, Frankfurt/M. 1997.
- Beschreibung eines Kampfes. Faksimile-Edition mit CD-ROM. Hg. von Roland Reuß in Zusammenarbeit mit Peter Staengle und Joachim Unseld. Basel, Frankfurt/M. 1999.
- Oxforder Quartheft 1 & 2. Faksimile-Edition. 2 Bände, zusammen mit Franz Kafka-Hefte 3 und CD-ROM. Hg. von Roland Reuß und Peter Staengle. Basel, Frankfurt/M. 2000. [Aufzeichnungen aus den Jahren 1910–1912, Entwürfe zu poetischen Texten, darunter «Der Heizer»].
- Die Verwandlung. Faksimile-Edition. Zusammen mit Franz Kafka-Hefte 4 und CD-ROM. Beigelegt: Franz Kafka «Die Verwandlung» (Faksimile der Erstausgabe im Kurt Wolff-Verlag 1915). Hg. von Roland Reuß und Peter Staengle. Basel, Frankfurt/M. 2003.
- Oxforder Oktavheft 1 & 2. Faksimile-Edition. 2 Bände, zusammen mit Franz Kafka-Hefte 5 und DVD. Beigelegt: Franz Kafka «Ein Landarzt» (Faksimile der Erstausgabe im Kurt Wolff-Verlag 1919). Hg. von Roland Reuß und Peter Staengle. Basel, Frankfurt/M. 2004. [beschrieben Ende 1916, Anfang 1917; enthält Entwurf zum Drama »Der Gruftwächter« und verschiedene Erzählfragmente, darunter zum »Jäger Gracchus« und zu »Der neue Advokat«].
- Oxforder Oktavhefte 3 & 4. Hg. von Roland Reuß und Peter Staengle. Basel, Frankfurt/M. 2008. [beschrieben im März und Anfang April 1917; enthält verworfene Erzählansätzen, Fragmente zum »Jäger Gracchus«, postum veröffentlichte Texten wie »Der Quälgeist« und »Eine Kreuzung«, »Ein Bericht für eine Akademie« sowie »Beim Bau der chinesischen Mauer«, woraus Kafka »Ein altes Blatt« und »Eine kaiserliche Botschaft« zum Druck gegeben hat.]
- Oxforer Oktavhefte 5 & 6. Faksimile-Edition. 2 Bände, zusammen mit Franz Kafka-Hefte 7 und CD ROM. Hg. von Roland Reuß und Peter Staengle. Basel, Frankfurt/M. 2009. [August und September 1917 beschrieben und teilweise später wieder aufgenommen]

Franz Kafka: Gesammelte Werke in zwölf Bänden. Hg. von Hans-Gerd Koch. Basel, Frankfurt/M. 1994. [Textgrundlage ist die Kritische Ausgabe.]

Franz Kafka: Die Romane. Der Proceß. Das Schloß. Der Verschollene. Hg. von Dieter Lamping in Zusammenarbeit mit Sandra Poppe. Düsseldorf 2007.

Franz Kafka: Die Erzählungen. Hg. von Dieter Lamping in Zusammenarbeit mit Sandra Poppe. Düsseldorf 2008.
[Die ausführlich eingeleitete und kommentierte Ausgabe basiert auf den Texten der kritischen Ausgabe des S. Fischer Verlages.]

2. Zeugnisse und Dokumente

Binder, Hartmut: Kafkas Welt. Eine Lebenschronik in Bildern. Reinbek bei Hamburg 2008.
Born, Jürgen (Hg.): Franz Kafka. Kritik und Rezeption zu seinen Lebzeiten 1912–1924. Frankfurt/M 1979.
Born, Jürgen: Franz Kafka. Kritik und Rezeption. 1924–1938. Frankfurt/M. 1983.
Heller, Erich/Beug, Joachim (Hg.): Franz Kafka. Über das Schreiben. Frankfurt/M. 1983 (FT 2528).
Koch, Hans-Gerd (Hg.): «Als mir Kafka entgegenkam ...». Erinnerungen an Franz Kafka. Erw. Neuausg. Berlin 2005.
Wagenbach, Klaus: Franz Kafka. Bilder aus seinem Leben. Berlin 1983 (3. erw. u. veränd. Neuausgabe 2008).

3. Literatur über Kafka

Abraham, Ulf: Der verhörte Held. Recht und Schuld im Werk Franz Kafkas. München 1985.
Adorno, Theodor W.: Aufzeichnungen zu Kafka (1953). In: Th. W. Adorno: Prismen. Kulturkritik und Gesellschaft. Frankfurt/M. 1976. S. 250–283.
Alt, Peter-André: Franz Kafka. Der ewige Sohn. Eine Biographie. München 2005 (2., durchges. Aufl. 2008).
Alt, Peter-André: Kafka und der Film. Über kinematographisches Erzählen. München 2009.
Anz, Thomas: Kafka, der Krieg und das größte Theater der Welt. In: «Krieg der Geister». Erster Weltkrieg und literarische Moderne. Hg. von Uwe Schneider und Andreas Schumann. Würzburg 2000. S. 247–262.
Auerochs, Bernd/Manfred Engel (Hg.): Kafka-Handbuch. Leben – Werk – Wirkung. Stuttgart 2009.
Baioni, Giuliano: Kafka – Literatur und Judentum. Stuttgart/Weimar 1994.
Benjamin [Walter] über Kafka. Texte, Briefzeugnisse, Aufzeichnungen. Frankfurt/M. 1981.
Beicken, Peter: Franz Kafka. Leben und Werk. Stuttgart 1986.
Binder, Hartmut: Kafka-Kommentar zu sämtlichen Erzählungen. München 1975.
Binder, Hartmut: Kafka-Kommentar zu den Romanen, Rezensionen, Aphorismen und zum Brief an den Vater. München 1976.
Binder, Hartmut: Kafka in neuer Sicht. Stuttgart 1976.
Binder, Hartmut (Hg.) : Kafka-Handbuch in zwei Bänden. Unter Mitarbeit zahlreicher Fachwissenschaftler. Bd. 1: Der Mensch und seine Zeit. Bd. 2: Das Werk und seine Wirkung. Stuttgart 1979.
Binder, Hartmut: Kafkas «Verwandlung». Entstehung, Deutung, Wirkung. Frankfurt/M./Basel 2004.
Brod, Max: Über Franz Kafka. Frankfurt/M. 1974.
Canetti, Elias: Der andere Prozeß. Kafkas Briefe an Felice. München, Wien 1984 (zuerst 1969)

Literaturhinweise

Caputo-Mayr, Maria Luise/Julius M. Herz (Hg.): Franz Kafka. Internationale Bibliographie der Primär- und Sekundärliteratur. 1908–1997. 2. überarb. und erw. Auflage. München 2000.
Deleuze, Gilles/Felix Guattari: Kafka. Für eine kleine Literatur. Frankfurt/M. 1976.
Engel, Manfred/Dieter Lamping (Hg.): Franz Kafka und die Weltliteratur. Göttingen 2006.
Fromm, Waldemar: Artistisches Schreiben. Franz Kafkas Poetik zwischen Proceß und Schloß. München 1998.
Hecker, Axel: An den Rändern des Lesbaren. Dekontruktive Lektüren zu Franz Kafka. Wien 1998.
Hermes, Roger/Waltraud John, Hans-Gerd Koch, Anita Widera: Franz Kafka. Eine Chronik. Berlin 1999.
Hiebel, Hans Helmut: Die Zeichen des Gesetzes. Recht und Macht bei Franz Kafka. München 1983.
Jahraus, Oliver: Kafka. Leben, Schreiben, Machtapparate. Stuttgart 2006.
Jahraus, Oliver/Stefan Neuhaus (Hg.): Kafkas «Urteil» und die Literaturtheorie. Zehn Modellanalysen. Stuttgart 2002.
Jagow, Bettina von/Oliver Jahraus (Hg.): Kafka-Handbuch. Leben – Werk – Wirkung. Göttingen 2008.
Kilcher, Andreas B.: Franz Kafka. Frankfurt/M. 2008.
Kurz, Gerhard: «Traum-Schrecken». Kafkas literarische Existenzanalyse. Stuttgart 1980.
Liebrand, Claudia (Hg.): Franz Kafka. Neue Wege der Forschung. Darmstadt 2006.
Müller-Seidel, Walter: Die Deportation des Menschen. Kafkas Erzählung «In der Strafkolonie» im europäischen Kontext. Stuttgart 1986.
Murray, Nicholas: Kafka und die Frauen. Felice Bauer, Milena Jesenská, Dora Diamant. Biographie. Düsseldorf 2007.
Neumann, Gerhard: Franz Kafka. Das Urteil. Text, Materialien, Kommentar. München, Wien 1981.
Pawel, Ernst: Das Leben Franz Kafkas. Eine Biographie. München, Wien 1986.
Politzer, Heinz: Franz Kafka, der Künstler. Frankfurt/M. 1965.
Robertson, Ritchie: Kafka. Judentum Gesellschaft Literatur. Stuttgart 1988.
Schirrmacher, Frank (Hg.): Verteidigung der Schrift. Kafkas «Prozeß». Frankfurt/M. 1987.
Sokel, Walter H.: Franz Kafka. Tragik und Ironie. Frankfurt/M. 1976.
Unseld, Joachim: Franz Kafka. Ein Schriftstellerleben. Die Geschichte seiner Veröffentlichungen. Frankfurt/M. 1984 (zuerst 1982).
Stach, Reiner: Kafka. Die Jahre der Entscheidungen. Frankfurt/M. 2002.
Stach, Reiner: Kafka. Die Jahre der Erkenntnis. Frankfurt/M. 2008.
Vogl, Joseph: Ort der Gewalt. Kafkas literarische Ethik. München 1990.
Wagenbach, Klaus: Franz Kafka. Eine Biographie seiner Jugend. 1883–1912. Bern 1958 (2. erw. Aufl. Berlin 2006).

Wagenbach, Klaus: Franz Kafka in Selbstzeugnissen und Bilddokumenten. Reinbek bei Hamburg 1954 (überarbeitete Neuauflage 2002).
Wagenbach, Klaus (Hg.): Franz Kafka: In der Strafkolonie. Eine Geschichte aus dem Jahre 1914. Mit Quellen, Abbildungen, Materialien aus der Arbeiter-Unfall-Versicherungsanstalt, Chronik und Anmerkungen. Berlin 1975.
White, John S.: Franz Kafka: Psyche und Tuberkulose. In: Psyche 40, 1986, H. 6, S. 473–526.
Zischler, Hanns: Kafka geht ins Kino. Reinbek bei Hamburg 1996.

Personenregister

Adorno, Theodor W. 8, 63
Alt, Peter-André 133
Aurel, Marc 21

Ball, Hugo 87
Bauer, Erna 105
Bauer, Felice 20, 26, 28, 49, 52, 81, 83, 90, 96–109, 119–127, 119–124, 126, 127
Baum, Oskar 43, 69
Beckett, Samuel 19
Beicken, Peter 133
Benjamin, Walter 55
Benn, Gottfried 73
Bergmann, Hugo 45, 65, 69
Binder, Hartmut 45, 133
Blass, Ernst 81
Bloch, Hans 107
Bloch, Margarethe (Grete) 28, 104, 105, 131
Brentano, Franz 69
Brod, Max 14, 15, 23, 24, 27, 28, 35, 45, 68, 69, 81, 82, 83, 95, 98, 99, 112, 114, 120, 122, 128, 129
Buber, Martin 128
Byron, George Gordon 21

Canetti, Elias 7, 30, 98, 104, 106, 107

Däubler, Theodor 78
Deleuze, Gilles 11, 24
Demetz, Peter 133
Derrida, Jacques 8, 12
Diamant, Dora 129, 130
Döblin, Alfred 73

Dostojewskij, Fjodor Michailowitsch 21

Ehrenstein, Albert 78
Einstein, Albert 69
Elias, Norbert 54, 118
Engel, Manfred 133

Fanta, Berta 69
Federn, Paul 38
Flaubert, Gustave 21
Foucault, Michel 8, 19, 116, 117, 118
Franz Josef I., österreichischer Kaiser 22
Freud, Sigmund 8, 31, 54, 93, 121

Goering, Reinhard 74
Goethe, Johann Wolfgang von 21
Grabbe, Christian Dietrich 21, 74
Gross, Hans 32, 33, 36, 119
Gross, Otto 31–36, 39, 53, 54, 85, 117, 118, 119, 126
Guattari, Félix 11, 24

Haberer, Brigitte 133
Hasenclever, Walter 31, 56, 74, 75
Hebbel, Friedrich 21
Hegel, Georg Wilhelm Friedrich 20
Heidegger, Martin 8
Hermann, Felix 54
Hermann, Karl 82
Heym, Georg 22, 78, 117
Hiller, Kurt 20, 81
Hoddis, Jakob van 81
Horkheimer, Max 63

Janouch, Gustav 55
Jesenská, Milena (verh. mit Ernst Polak) 31, 35, 49, 124–127, 131
Johst, Hanns 74

Kafka, Gabriele (Elli; verh. mit Karl Hermann) 42, 54, 56, 58
Kafka, Georg 42
Kafka, Heinrich 42
Kafka, Hermann 23–30, 42
Kafka, Julie, geb. Löwy 42
Kafka, Ottilie (Ottla; verh. mit Josef David) 23, 42, 47, 96, 121, 122, 131
Kafka, Valerie (Valli; verh. mit Josef Pollak), 42, 83
Kant, Immanuel 69
Kayser, Rudolf 31
Kierkegaard, Sören 8, 19–21, 86–88, 102, 123
Kisch, Paul 68
Kittler, Wolf 133
Kleist, Heinrich von 81
Klopstock, Robert 127, 130
Kuh, Anton 35

Lamping, Dieter 133
Landauer, Gustav 128
Löwy, Jizchak 75, 82
Lubkoll, Christine 133

Mach, Ernst 45
Mann, Thomas 69, 74
Marcuse, Herbert 31
Marx, Karl 8
Miller, Alice 51
Mühsam, Erich 31, 75
Müller-Seidel, Walter 133
Munch, Edvard 78

Neumann, Gerhard 133
Nietzsche, Friedrich 8, 45, 63, 68, 117

Olsen, Regine 20

Politzer, Heinz 7
Pollak, Oskar 18, 20, 21, 45, 126

Reich, Wilhelm 31
Reich-Ranicki, Marcel 133
Rilke, Rainer Maria 86

Schnitzler, Arthur 73
Schopenhauer, Arthur 21, 68
Schreiber, Adolf 35
Schünemann, Peter 133
Sokel, Walter H. 133
Sontag, Susan 7
Sorge, Reinhard Johannes 74
Stach, Rainer 133
Steiner, Rudolf 69, 72
Swift, Jonathan 54

Toller, Ernst 127
Tolstoi, Leo 128
Trakl, Georg 78, 86

Utiz, Emil 68

Vogl, Joseph 133

Wagenbach, Klaus 45, 133
Weber, Alfred 117, 118
Weber, Max 116, 117, 118
Weltsch, Felix 69
Werfel, Franz 14, 32, 35, 81, 87
Wohryzek, Julie 124, 127
Wolfenstein, Alfred 78
Wolff, Kurt 8, 18, 84
Wyneken, Gustav 55

Zech, Paul 81
Zweig, Arnold 33, 34

Literaturgeschichte bei C.H.Beck

Thomas Anz
Rainer Baasner (Hrsg.)
Literaturkritik
Geschichte – Theorie – Praxis
Mit Beiträgen von Thomas Anz, Rainer Baasner, Ralf-Georg Bogner,
Maria Zens und Oliver Pfohlmann
5. Auflage. 2008. 272 Seiten. Paperback
(Beck'sche Reihe Band 1588)

Nicholas Boyle
Kleine deutsche Literaturgeschichte
2009. 272 Seiten mit 44 Abbildungen und einer Karte. Gebunden

Gerhard Schulz
Romantik
Geschichte und Begriff
3. Auflage. 2008. 144 Seiten. Paperback
(C. H. Beck Wissen in der Beck'schen Reihe Band 2053)

Gerhard Schulz
Sabine Doering
Klassik
Geschichte und Begriff
2003. 126 Seiten. Paperback
(C. H. Beck Wissen in der Beck'schen Reihe Band 2329)

Hans-Dieter Gelfert
Shakespeare
2000. 128 Seiten mit einer Abbildung. Paperback
(C. H. Beck Wissen in der Beck'schen Reihe Band 2055)

Verlag C.H.Beck

C.H.BECK WISSEN
in der Beck'schen Reihe

Zuletzt erschienen:

2218: Schmid, **Mozarts Opern**
2219: Brügge, **Jean Sibelius. Symphonien und symphonische Dichtungen**
2451: Hochgeschwender, **Der amerikanische Bürgerkrieg**
2457: Moosbauer, **Die Varusschlacht**
2458: Körner, **Die Wittelsbacher**
2459: Zwickel, **Das Heilige Land**
2460: Markowitsch, **Das Gedächtnis**
2461: Alter, **Die Windsors**
2462: Burkhardt, **Deutsche Geschichte der Frühen Neuzeit**
2463: Gerhard, **Frauenbewegung und Feminismus**
2464: Trabant, **Sprache**
2465: Hedderich, **Burnout**
2466: Maier, **Die Druiden**
2467: Meyer-Zwiffelhoffer, **Imperium Romanum**
2468: Werner-Jensen, **Joseph Haydn**
2469: Strohm, **Johannes Calvin**
2470: Möllers, **Das Grundgesetz**
2472: Sarnowsky, **Die Templer**
2473: Anz, **Franz Kafka**
2474: Edler, **Robert Schumann**
2475: Ehlers, **Der Hundertjährige Krieg**
2476: Kolb, **Bismarck**
2477: Mai, **Die Weimarer Republik**
2478: Nußberger, **Das Völkerrecht**
2479: von der Oelsnitz, **Management**
2480: Roelcke, **Geschichte der deutschen Sprache**
2503: Schwarz, **Giotto**
2505: Zöllner, **Botticelli**
2554: Reudenbach, **Die Kunst des Mittelalters I: 800 bis 1200**
2555: Niehr, **Die Kunst des Mittelalters II: 1200 bis 1500**
2560: Schneede, **Die Kunst der Klassischen Moderne**
2561: Ursprung, **Die Kunst der Gegenwart**
2571: Brinker, **Die chinesische Kunst**
2604: Hahn, **Geschichte Brandenburgs**
2609: Hauptmeyer, **Geschichte Niedersachsens**
2610: Nonn, **Geschichte Nordrhein-Westfalens**
2612: Behringer/Clemens, **Geschichte des Saarlandes**